TOUR DE FRANCE

ARD
Radio &TV

Jan Ullrich · Erik Zabel

Tour de France

Text: Jürgen Löhle
Fotografie: Peter Witek

SIGLOCH
Edition

Allemagne
PARIS
Champs-Elysées
dimanche
23 juillet
TROYES
samedi
22 juillet
vendredi
21 juillet
FRIBOURG
EN
BRISGAU
MULHOUSE
BELFORT
jeudi
20 juillet
Suisse
mercredi
19 juillet
LAUSANNE
EVIAN-LES-BAINS
MORZINE
mardi
18 juillet
REPOS
lundi
17 juillet
dimanche
16 juillet
COURCHEVEL
BRIANCON
samedi
15 juillet
MONT
VENTOUX
jeudi
13
juillet
REPOS
mercredi
12 juillet
CARPENTRAS
AVIGNON
vendredi
14 juillet
DRAGUIGNAN
mercredi
5 juillet
VITRE
VANNES
jeudi
6 juillet
SAINT
NAZAIRE
NANTES
mardi 4 juillet
lundi 3 juillet
TOURS
LOUDUN
samedi1er juillet
FUTUROSCOPE
Chasseneuil-du-Poitou/Jaunay-Clan
Département
de la VIENNE
dimanche
2 juillet
vendredi
7 juillet
LIMOGES
samedi
8 juillet
VILLENEUVE
SUR-LOT
AGEN
dimanche
9 juillet
DAX
BAGNERES
DE
BIGORRE
REVEL
mardi
11 juillet
lundi
10 juillet
LOURDES
HAUTACAM
Grand départ
Ville-départ
Ville-étape
Arrivée
Parcours
C.l.m. individuel
C.l.m. par équipes
GEOATLAS-©1999 Graphi-Ogre
Copyright Société du Tour de France

Inhaltsverzeichnis

Seite 2: Erik Zabel rollt meist bis kurz vor dem Finale unauffällig im Feld mit, ehe es zur Sache geht. Dank explosiver Spurtkraft und perfekter Mannschaftsarbeit hat er sehr oft gewonnen.
Links: Bei der Tour de France sind immer schwere und lange Anstiege zu bewältigen: ideales Terrain für begnadete Bergfahrer wie Marco Pantani. Der Italiener eroberte sich 1998 das Gelbe Trikot in den Alpen und gab es bis Paris nicht mehr ab.
Rechts oben: Jan Ullrich in Gelb: 1997 siegte er mit gerade mal 23 Jahren, 1996 war er als Tour-Neuling bereits Zweiter, 1998 wiederholte er diese Platzierung.
Rechts: Erik Zabel in Grün: Sohn Rick kennt seinen Vater am Schluss der Tour kaum anders, denn der gewann das begehrte Trikot des Punktbesten seit 1996 jedes Jahr.

MAPEI

Der letzte Sonntag im Juli

Traditionell endet die Tour de France nach drei Wochen Ende Juli in Paris. Wer die Strapazen überstanden hat, rollt zur Tour d'Honneur über die Champs-Élysées. Die Schlussetappe zu gewinnen, ist gut fürs Prestige; die Tour zu gewinnen, sichert einen Platz im Radsporthimmel.

Wer am Ende der Tour Paris erreicht, kann froh sein. Wer dort in Gelb einläuft, wie 1996 der Däne Bjarne Riis, verdient neben Respekt auch ordentlich Geld, das dem Team zugute kommt.

Ping – ping – ping. Die leere Bierdose springt scheppernd über die Champs-Élysées. Immer wieder kickt der alte Mann in dem abgewetzten Mantel gegen das verbogene Blech. Ping – ping – ping hoppelt die Kronenbourg-Dose über das Kopfsteinpflaster am Place de la Concorde. Der Nachtportier des Hôtel de Crillon blickt müde auf den Penner, der langsam auf den Eingang des Nobelhauses zuschlurft. Ping – ping – ping.

Es ist der 29. Juli 1996, sechs Uhr am Morgen. Noch schläft Paris, zumindest die meisten Leute, die noch da sind. Wer es sich irgendwie leisten konnte, der hatte die Stadt, wie in jedem Jahr, schon lange verlassen. Ende Juli belagern die Hauptstädter lieber die Strände am Atlantik und an der Côte d'Azur als sich an den Bars im brütend heißen Paris die Beine in den Bauch zu stehen. Das Zentrum der Metropole gehört den Touristen und den Geschäftsleuten, die von den Gästen aus aller Welt leben. Heute Morgen ist aber schon Betrieb. Am Rand der Champs-Élysées wird gearbeitet. Junge Frauen legen rote Kissen auf die Plastiksitze der Stahlrohrtribünen am Rand des Boulevards. Unrasierte Männer spannen Transparente, polieren Werbebanden. Ruhig, ohne Hektik, jeder Handgriff sitzt. Die Leute sind hundemüde, aber auch entspannt, weil das heute der letzte Arbeitstag nach drei Wochen Schufterei ist.

Der Clochard mit der Dose scheint sie nicht zu bemerken. Er sieht auch nicht, dass überall um ihn herum Menschen dem Tag entgegenschlafen. Im Hôtel de Crillon schlummert die Prominenz in Luxuszimmern, die für eine Nacht mehr kosten, als einer wie er in einem Jahr zusammenbetteln kann, selbst wenn es gut für ihn läuft. Links und rechts der Champs haben sich Menschen aus ganz Europa eingerichtet. Wohnmobile parken auf jedem freien Stück Asphalt. Überall in den Parks schlafen Menschen in bunten Schlafsäcken, manche haben sich auch einfach auf den Rücksitzen ihrer Autos zusammengerollt. Ping – ping – ping holpert die Dose und es hallt über den Boulevard, als ob hier sonst nichts los wäre.

Mit der Ruhe wird es bald vorbei sein. In zehn Stunden ist die Tour de France am Ziel. 198 Profis sind vor drei Wochen zum härtesten Radrennen der Welt aufgebrochen. 129 von ihnen haben die 21 Etappen durchgehalten und werden nach exakt dreitausendneunhundertsieben Kilometern über die Ziellinie rollen. Männer mit müden Augen und gegerbten Gesichtern. Klapperdürre Kerle, deren Gesichter nur noch aus spitzen Wangenknochen zu bestehen scheinen. Junge Männer mit quarkweißen Körpern und fast schwarz gebrannten Armen und Beinen. Radprofis nach einer außergewöhnlichen Strapaze. Finale einer manchmal brutalen Härteprüfung und jeder der 129 nimmt seine ganz eigene Geschichte der 21 Etappen im Juli mit nach Hause. Noch Jahre später wird er sich an Momente erinnern, in denen er einfach nur noch aufhören wollte. Absteigen, hinsetzen, Luft holen und trinken, bis die ausgedörrte Haut vor Schweiß glänzt. An Momente, in denen nur noch ein ziehender Schmerz in den Muskeln wütete und der Rest der Vernunft zum Aufhören drängte. Aber auch an Augenblicke, in denen der Tritt rund, die Kraft spürbar und die Last schiere Lust war. – Die Tour ist wie das ganz normale Leben: mal prügelhart, mal zuckersüß.

Ping – ping – ping. Die Dose hoppelt weiter über das Kopfsteinpflaster. Der Portier vor dem Crillon hat sich verzogen. Der Clochard stolpert beinahe über einen jungen, blonden Mann, der sich gerade aus seinem Schlafsack schält. „Was zum Teufel macht ihr denn alle hier?" Der blonde Schlaks versteht kein Wort. Er ist Däne, er kann kein Französisch, lächelt aber trotzdem freundlich und sagt auf Englisch: „Mann, heute kommt Bjarne nach Paris, und wir werden ihn feiern. Dabei haut er dem verdutzten Penner kräftig auf die Schultern, steckt ihm eine Dose Bier zu. „Be happy, man." Das versteht der Clochard. Selig lächelnd schlurft er weiter, die alte Dose bleibt achtlos liegen.

Noch ein paar Stunden, dann werden 129 Profis auf die Champs-Élysées ein-

Geschichten, die erzählt werden und die vom Erfolg eines Profis künden, der eigentlich so gar nicht hätte sein dürfen. Kühle Erfolgsmenschen werden von den Fans geachtet, aber nicht immer geliebt. Miguel Indurain, der die Tour mit der Konsequenz und Präzision eines Kassenprüfers dominiert hat, war ein Herrscher ohne Aura. Erst als er verlor, als er im Juli 1996 bei der Auffahrt nach La Plagne litt wie ein Hund und trotzdem nicht mehr mitkam, haben ihn die Fans vollends in ihr Herz geschlossen. In der Niederlage wurde der „Tourminator" zum sympathischen Kumpel. Jan Ullrichs Adelsschlag kam am Tag nach seiner bittersten Niederlage. 1998, auf der Etappe nach Les Deux Alpes war Jan eingebrochen. Er hatte Fehler gemacht, sich bei der Abfahrt vom Galibier nicht gegen den Regen und die schneidende Kälte geschützt, er hatte zu wenig gegessen und war schließlich beim letzten Anstieg „geplatzt". Das Gelbe Trikot war weg, Marco Pantani der Sieger. Aber am nächsten Tag hetzte Jan den „Piraten" über die Alpen, gewann die Etappe in Albertville im Sprint um eine Reifendicke – so etwas bringen nur Champions fertig.
Das ist der Stoff, aus dem moderne Märchen entstehen. Menschen auf dem Weg zum Erfolg, dramatisch gebremst, manchmal auch ungerecht behindert, wie Giuseppe Guerini, der 1999 auf dem Weg nach Alpe d'Huez von einem trotteligen Fan vom Rad geschubst wurde, aber trotzdem stark genug war, um zu gewinnen. Jeder, der auf Frankreichs Straßen den amerikanischen Traum zelebriert, wird zum Star. Zumindest für einen Tag.
Oder für eine lange Zeit. Noch heute erzählen sich die Fans mit glänzenden Augen von Greg LeMond, der den Weg von der Intensivstation zum Toursieg schaffte. Bei der Jagd war der Amerikaner, der Toursieger von 1986, von seinem Schwager aus Versehen über den Haufen geschossen worden. Trotz etlicher Operationen konnten nicht alle Schrotkugeln aus seinem Oberbauch entfernt werden. Aber Greg kam zurück, gewann mit Blei in der Leber 1989 und 1990 noch zweimal die Tour. Sein Landsmann Lance Armstrong bewegte 1999 die Fans. Im Herbst 1996 war der Mann, wie er selbst sagt, dem Tod näher als dem Leben. Hodenkrebs, die Ärzte fanden zudem noch zwölf Metastasen in Lunge und Gehirn. Mehr als 50 Prozent Überlebenschance gaben ihm die Experten nicht. „Wer mit Lance noch was zu regeln hat, der sollte es bald tun", riet der damalige Mannschaftsarzt Armstrongs Kollegen.
Aber da hatte er den Willen des Texaners unterschätzt. Zweimal ließ sich Armstrong operieren, verlor dabei kurzzeitig sogar sein Augenlicht. Er unterzog sich den härtesten Chemotherapien, stieg schon drei Wochen später wieder aufs Rad, obwohl ihm nach einer halben Stunde alle Knochen weh taten. 518 Tage später, im Februar 1998, trat er bei der Andalusien-Rundfahrt wieder zu einem Rennen an. Und er gewann 1999 überlegen die Tour. Diese Geschichte hätte kein Romanschreiber besser erfinden können und es ist klar, dass sich Hollywood damit beschäftigen wird. Vom Totenlager ins Gelbe Trikot – fast schon zu perfekt um wahr zu sein. Aber eben nur fast, die Geschichte hat sich tatsächlich so zugetragen.
Aber es muss nicht immer der Kampf der Stars sein. Die Tour lebt auch von den vielen kleinen Geschichten am Rand. Vom Mitfiebern mit den Namenlosen, die den Aufstand proben und dann doch wieder kurz vor dem Ziel geschnappt werden. Vom einsamen Kampf des Helfers in den Bergen. Der Besenwagen klebt an seinem Hinterrad. Der Mann ist total erschöpft, das sieht jeder. Mit stieren Augen und schweren Beinen. Treten, treten, treten. Die Menschen an der Straße brüllen, feuern ihn an wie den Sieger, der vor fast einer Stunde hier vorbeigekommen ist. Er sieht sie nicht, hört nicht ihre Anfeuerungen, aber er fährt weiter. Treten, treten, treten. Eine Serpentine und noch eine und noch eine. Manchmal schafft so ein armer Hund sein persönliches Happy End, kommt in der erlaubten Zeit ins Ziel. Manchmal auch nicht. Aber die Fans sind zufrieden, auch wenn am nächsten Tag in der Zeitung hinter dem Namen des Geschlagenen nur zwei Worte stehen: Hors délai – Zeit überschritten, Disqualifikation. Aber ein bisschen Sieger ist er trotzdem, weil er Willen gezeigt hat, Entschlossenheit und Kampf. Das verdient Respekt.
So manche Geschichte ist aber nur noch traurig oder kurios. Wenn das Peloton durch einen bestimmten Teil der Pyrenäen rollt, gedenkt die Tour des Italieners Fabio Casartelli, der 1995 auf der Etappe von Saint-Girons nach Cauterets auf der Abfahrt vom Portet d'Aspet zu Tode gestürzt war. Der 23-Jährige hatte keinen Helm auf und somit auch keine Chance. Ob er mit Schutz noch am Leben wäre, vermag niemand zu beurteilen, aber er hat zumindest eine Chance verspielt. Darüber redet aber kein Mensch.
Regelrecht verehrt wird heute noch der Engländer Tom Simpson. Am 13. Juli 1967 kippt der hagere Profi zwei Kilometer unterhalb des Gipfels des Mont Ventoux ohnmächtig aus dem Sattel, ein paar Stunden später ist er tot. Der Mann hat sich an einem mörderisch heißen Tag an einem der brutalsten Berge der Tour ums Leben geradelt. Wahrscheinlich hat er nicht einmal viel davon gespürt, weil sich in seinem Blut ein unheiliger Cocktail an Dopingmitteln drängelte. Zusammen mit der bleiernen Hitze war das einfach zu viel für Simpsons Herz, der vor dem Feld bei fast 40 Grad Celsius Richtung Gipfel fuhr.
Heute erinnert ein Gedenkstein in der Kraterlandschaft des Ventoux an den Toten. Lächerliche zwei Kilometer haben ihm zum Gipfel und zum Ende der Qual gefehlt. Der Mann musste sterben, weil er offenbar die Kontrolle über sich verloren hatte und die Warnsignale aus seinem Inneren nicht mehr hören konnte. Eigentlich eine traurige Geschichte, und schon gar kein Stoff zur Mythenbildung. Tom Simpson ist aber posthum ein Held. Legionen von Hobbyfahrern quälen sich

Wenn es ins Hochgebirge der Alpen und Pyrenäen geht, ist das Fahrerfeld anfangs meist beisammen. Schnell jedoch reißt es auseinander, die Letzten haben oft Mühe, im Zeitlimit zu bleiben.

CREDIT LYONNAIS
VISA
Coca-Cola
181
Team Telekom

Jahr für Jahr am Ventoux am Gedenkstein vorbei Richtung Gipfel. Und wer was auf sich hält, der lässt als Erinnerung am Stein etwas zurück. Eine Trinkflasche, einen Reifen, wie auf einem Altar. Huldigung an einen höchst unvernünftigen Mann. „No mountain to high, Daddy“, haben seine Töchter, die ihn gar nicht richtig gekannt haben, vor ein paar Jahren auf einer goldenen Platte an dem Stein anbringen lassen. Es gibt viele, die am Simpson-Memorial ein paar Tränen verdrücken. Aber letztlich ist der Mann einfach zu hoch geflogen, zu weit weg von dem, was noch mit Sport zu tun hat. „Kein Wahnsinn zu groß“ hätte wohl besser gepasst.

Von der Geschichte weiß der Penner auf den Champs-Élysées nichts mehr. Er trinkt das Bier, das ihm der junge Däne geschenkt hat, und schaut amüsiert auf die Menschen, die sich jetzt schon am Straßenrand aufstellen. Mittlerweile ist es neun Uhr, es wird ein heißer Tag werden. Zeit, sich einen schattigen Platz im Jardin des Tuileries zu suchen. Aber irgendwas lässt den Clochard verweilen. Er bleibt einfach stehen, stützt die Arme auf ein Absperrgitter und wartet, was in ein paar Stunden passieren wird. Die Begeisterung hat auch ihn gepackt. Er hat nur ein Problem – die Dose ist leer. Weg damit. Ping – ping – ping.

Tour-Sieger müssen fast immer in den Bergen verteidigen, was sie im Zeitfahren an Vorsprung erarbeitet haben, so auch der Texaner Lance Armstrong 1999, hier flankiert von Giuseppe Guerini.

Oben: „Tour der Leiden" – im Juli 1998 kam es in den Alpen für Jan Ullrich knüppeldick, als er mit zu wenig Essen und im von ihm gar nicht geliebten kühlen, nassen Gebirgswetter kämpfte bis fast zum Umfallen und trotzdem einmal Marco Pantani entscheidend ziehen lassen musste.
Wenn aber alles bei ihm stimmt, Form, Wetter und die Ergebnisse, dann gibt es Grund zum Strahlen.

Auch Erik Zabel blieb in seiner so erfolgreichen Karriere von Widrigkeiten nicht verschont. 1999 stürzte er bei der Tour schwer, fuhr aber trotz der Blessuren als Kapitän des Teams bravourös weiter, kam gut über die Berge und eroberte gegen Ende der Tour zum vierten Mal in Folge das Grüne Trikot, was bis dahin noch keinem gelungen war.

Die Wurzeln der Tour

Auch in Italien und Spanien sind die dreiwöchigen Landesrundfahrten alles andere als leicht. Im Stellenwert erreichen sie aber nie die Tour de France, die seit 1903 ausgetragen wird und bereits nach wenigen Jahren das Hochgebirge einbezog – allen Widrigkeiten zum Trotz. Das macht ihre ungebrochene Faszination aus, daraus entstehen Mythen.

Es regnet schon seit Stunden. Ein kalter Wind treibt graue Wolkenfetzen vor sich her, das Thermometer ist seit Sonnenaufgang bei fünf Grad hängen geblieben, mehr werden es auch nicht mehr. Unangenehm kriecht die Kälte unter die Haut. Und das im Juli, mitten im Hochsommer. Aber was heißt hier oben schon Sommer? Kurz unterhalb der Passhöhe am Galibier gibt es nur zwei Jahreszeiten. Neun Monate Winter und dann drei Monate lang so etwas Ähnliches. Im Juli gibt es gelegentlich Tage, da wärmt die Sonne die Steinwüste ein wenig auf, aber heute ist hier oben auf 2600 Metern ein besonders hässlicher Tag. Es regnet nur einmal und die vielen Tausend Menschen, die sich von Valloire herauf an der Straße aufgestellt haben, sehen alle gleich aus. Wie uniformierte Ameisen wuseln sie in ihren bonbonfarbenen Regencapes am Straßenrand entlang, viele radeln selbst den Pass hinauf, obwohl ihnen nach einer halben Stunde das Wasser aus den Schuhen läuft. Kurz unter dem Gipfel pfeift ein eisiger Wind über die graubraune Steinwüste. Es ist wirklich kein Spaß, hier oben zu sein, dafür Urlaubstage zu opfern – eigentlich ein Wahnsinn. Trotzdem steht an jedem freien Platz rechts und links der gewundenen Bergstraße ein Wohnmobil, sind die Wiesen übersät mit Zelten, findet hier schon seit zwei Tagen eine Art internationales Camperfest im hochalpinen Gelände statt. Aus ganz Europa sind die Leute angereist, um einmal die Tour de France zu erleben, um einmal beim Spektakel in den Bergen dabei zu sein.

Links: Der Mont Ventoux in der Provence wartet mit einer supersteilen Straße und meist glühender Sonne auf, da zeigen manchmal sogar die Besten Schwächen.
Am Col du Galibier in den Savoyer Alpen, 2.645 m hoch, kehrt nicht selten im Juli der Winter zurück.

Michael ist mit seinen zwei Kumpels mit dem Wohnmobil da. Drei Männer in einem VW-Bus, in dem man nur dann gerade stehen kann, wenn das Hubdach aufgeklappt ist. Im Moment ist es zu, weil die Stoffwände vor dem Dauerregen kapituliert haben. Die Standheizung ist kaputt, die Jungs können wählen, ob sie lieber im Regen auf der Straße stehen oder sich im engen Camper um den einzigen Tisch drücken wollen. Sie entscheiden sich für Möglichkeit zwei, obwohl das auch kein Vergnügen ist. Die Scheiben sind beschlagen, es riecht nach kaltem Kaffee, nach Salamibrot und Schweiß, aber die drei sind guter Laune. Michael hat es geschafft, der alte Bus steht drei Kilometer vor der Passhöhe am Straßenrand, eingekeilt von einem Luxuscamper aus Italien mit Dusche, Satelliten-TV und Spülmaschine und einem uralten Kombi aus England, in dem zwei junge Männer gerade auf einem Gaskocher Spaghetti kochen. Zumindest versuchen sie es. Nach deutschen Sicherheitsstandards handelt es sich bei der Aktion eher um einen Selbstmordversuch.

Aber es ist einfach ein guter Platz hier oben. Die Rennfahrer sind fast zehn Minuten zu sehen. Für dieses Erlebnis sind die drei fast 900 Kilometer angereist, stehen seit zwei Tagen mit ihrem klapprigen Bus hier oben, ohne Dusche, ohne Toilette und mit der unangenehmen Gewissheit, dass sie es heute Abend erst gar nicht versuchen brauchen, wieder ins Tal zu kommen. Bis gegen zwei, drei Uhr geht sicherlich nichts. Nach dem Rennen kommt der Stau. „Vor einem Jahr war es besser, da waren wir in den Pyrenäen und es war wunderbar warm. Aber es ist schon gut so, Hauptsache, das Rennen wird spannend", sagt Michael.

Aufregung ist tatsächlich garantiert an diesem verregneten Julitag 1998. Marco Pantani wird einige Stunden später das Gelbe Trikot erobern, die Jungs können gut beobachten, wie der Pirat antritt, wie

Jan Ullrich kontern will, aber nicht mehr kann – das hätten sie allerdings genauso gut an der Mattscheibe miterleben können. „Möglich", sagt Michael, „aber die Tour ist das Größte, da will ich einfach dabei sein. Und zwar live."

So wie er denken Tausende. Millionen Menschen pilgern Jahr für Jahr an die Strecke. Leute von überall her. Jugendgruppen aus der Gegend, italienische Fans mit riesigen Fahnen, deutsche Radtouristen. Belgier, Dänen, Holländer, Engländer, eine gewaltige Gemeinde, die die Faszination Tour live erleben will. Aber warum gerade die Tour? Was erhebt dieses Rennen über alle anderen? Ganz profan könnte man sagen – im Juli haben die Leute Zeit, es sind Ferien, da kann man sich schon mal an die Strecke stellen, was beim Giro d'Italia im Mai schwerer ist, und wenn die Spanienrundfahrt läuft, sind die Ferien auch schon wieder vorbei. Aber Ferien allein, das kann es auch nicht sein.

Die Tour de France hat für ein Sportspektakel eine ziemlich lange Geschichte. Und sie hat in den fast 100 Jahren Tausende von Geschichten produziert, von denen etliche auch aufgeschrieben wurden. Und zwar von Leuten, die mit leichter Hand und viel Phantasie die Ereignisse in Sprache gießen konnten und die immer wieder beliefert wurden von den Veranstaltern, die immer schon auf die richtige Mischung aus Herz und Stahl geachtet haben. Natürlich führt der Giro über supersteile Dolomitenpässe wie den gnadenlosen Mortirolo, gegen den der Galibier eigentlich nur eine nette Höhenstraße ist. Natürlich ist in manchem Jahr das Profil der Vuelta schwerer als das der Tour. Aber das Faszinosum Tour de France ist über die Zeit gewachsen, mit jedem Jahr seit der Premiere 1903 ein kleines Stück. Die Macher der Tour haben immer etwas gewagt und sie haben es glänzend verstanden, ihr „Produkt" zu pflegen und zu vermarkten. Schon 1910 führte die Tour de France über den Tourmalet. Aus heutiger Sicht eigentlich unvorstellbar. Vor 90 Jahren war der Pyrenäenpass nicht mehr als ein schlechter Holperpfad für Waldarbeiter und Bergbauern. Alphonse Steines wäre bei dem Versuch der Überquerung beinahe ums Leben gekommen, als er im Frühjahr für Tourchef Henri Desgrange den Weg über den Gipfel erkundete. Auch so eine hübsche Geschichte, wie der Pariser Büromensch in Lackschuhen über den schneebedeckten Pass gestolpert ist. Daraus haben natürlich auch zahllose Journalisten und Autoren Honig gesogen, blumige und spannende Geschichten aufgeschrieben. Wieder so ein Erfolgsgeheimnis der Tour – die grausame Prüfung für Körper und Geist, wie es so schön heißt, hat immer wieder Edelfedern zu literarischen Genussstücken angeregt. Pathos ist Pflicht, der einsame Kampf Mann gegen inneren Schweinehund, ein dankbares Thema. Schon Anfang der 20er Jahre schrieb

Vorhergehende Doppelseite: Die zahllosen Serpentinen vieler Pässe beeindrucken und erfordern Respekt. Legendär ist auch der Anstieg nach Alpe d'Huez, 1999 gewann dort Giuseppe Guerini vom Team Telekom die Etappe, obwohl er von einem Zuschauer umgerannt worden war.

KAWA

Na bravo – Spaß macht das sicher keinen. Und bei all der Überwindung, bei all der Arbeit am Limit muss Jan Ullrich trotzdem immer noch konzentriert bleiben, darf keine Fehler machen. Jeder, der sich selbst schon einmal bergauf probiert hat, weiß, wie schnell es geht, dass man sich überschätzt, dass man ein bisschen zu viel tut und plötzlich gnadenlos einbricht. „Das", sagt Ullrich, „ist das Schlimmste. Wenn du überzogen hast, wenn es dir plötzlich die Luft wegreißt. Du versuchst eine Attacke mitzugehen und dann kommt der Mann mit dem Hämmerchen und du stehst nur noch dumm rum und nichts geht mehr." Das ist ihm bei der Tour erst einmal passiert, 1998 beim Anstieg nach Les Deux Alpes. Und wenn es nach ihm ginge, dann bliebe es auch dabei.

Es ist der Tag mit Dauerregen am Galibier, als es Jan Ullrich schlecht geht. Auch für Erik Zabel ist es nicht gerade sein Glückstag. Ein durchgeknallter Zuschauer hat ihm bei voller Fahrt einen Regenschirm in die Speichen gehalten. Zabel ist zwar nicht viel passiert, aber das Rad ist kaputt und weit und breit kein eigener Materialwagen zu sehen. Aber er bekommt Hilfe vom Saeco-Team seines Rivalen Mario Cipollini. Die Italiener geben Zabel eines ihrer Fahrräder. Der Rahmen ist zwar zu klein, aber immerhin. Und so fährt Erik im Stehen auf den Galibier. Bei fünf Grad und Dauerregen, vorbei an der jubelnden Menge, in der auch Michael und seine zwei Kumpels stehen. „Super, komm' – hau rein. Junge", brüllen sie in die Gruppe mit Erik, als die an ihnen vorbeifährt. Auch die Engländer neben ihnen klatschen begeistert in die Hände, die Italiener haben den trockenen Platz vor dem Fernseher in ihrem Luxusliner verlassen und feuern die Profis an. Seit vor knapp 20 Minuten Marco Pantani als Erster vorbeigehastet ist, sind die eh völlig aus dem Häuschen. Eine internationale, friedliche Fangemeinde. Hooligans kennt man bei der Tour nicht, auch wenn Zabel an diesem Tag einem Idioten begegnet ist.

Die Fans haben sich nicht wegen Randale hier herauf gequält. Sie wollen die Tour sehen, und zwar an einem der Orte, an dem das Rennen seine Wurzeln hat wie hier am Galibier. Und auch an diesem verregneten Julitag 1998 wird wieder ein kleines Kapitel Tourgeschichte geschrieben. Die Gruppe von Zabel ist schon lange vorbei, viele Fans machen sich schon wieder zu Fuß oder mit den Rad auf den Weg ins Tal, aber das Rennen ist noch nicht zu Ende. Ein Motorrad mit Blaulicht bahnt sich eine Gasse nach oben, dahinter ein Profi, der wie in Trance in die Pedale tritt, hinter ihm der Besenwagen. Es ist der Franzose Eddy Seigneur. Er will nicht aufgeben, er will das Rennen in Paris beenden und nicht hier am Galibier. Aber ihm fehlt die Kraft, trotzdem fährt er weiter. Das Ziel in Les Deux Alpes erreicht er eine Stunde, zehn Minuten und achtunddreißig Sekunden nach Marco Pantani. Erlaubt waren nur knapp 45 Minuten. Seigneurs Schinderei wird nicht belohnt. Zeitüberschreitung heißt Disqualifikation – und die Schreiber der L'Équipe haben ein Thema, das den Mythos Tour befördert.

Wieder mal ein kleines Steinchen im großen Mosaik Tour de France.

Waren es früher die Unwägbarkeiten schlechter Straßen und der häufige Defektteufel, was den Rennfahrern zu schaffen machte, so bedeuten die Berge bis heute unverändert Fahren am Limit, manchmal auch ein wenig darüber. Hier hält Jan Ullrich hinauf nach Alpe d'Huez mit vollem Einsatz seinen Rückstand in Grenzen, so dass Marco Pantani am 19. Juli 1997 das Gelbe Trikot trotz eines glänzenden Etappensiegs nicht gefährden konnte.

PINARELLO

Der Weg zum Start

Oft entscheiden für den Supersprinter Erik Zabel Sekundenbruchteile, um ein Rennen erfolgreich zu beenden. Viel Arbeit im Training und bei vielen, vielen Rennen im Verlauf der langen Saison steckt dahinter. Jan Ullrich, glänzender Zeitfahrer und stark in den Bergen, baut seine Saison anders auf, um auf den Punkt zur Tour fit zu sein.

Was für ein Lärm. Tausende Menschen trommeln wie wild mit flachen Händen auf die Reklamewände aus Blech, die vor ihnen an den Absperrungen montiert sind. Noch ist nichts zu sehen, das schwarze Asphaltband vor dem Zielstrich ist verwaist. Plötzlich kommen Motorräder wild hupend daher, dann ein rotes Cabrio mit Tourdirektor Jean-Marie Leblanc, der aufrecht stehend und hektisch mit den Armen fuchtelnd Platz fordert, obwohl eh niemand mehr im Weg steht. Die Menschen hinter den Gittern beugen sich so weit sie können nach vorne, biegen die Hälse, auf der Tribüne der Kommentatoren wird es immer lauter. Reporter aus aller Welt brüllen in ihre Mikrofone. Und dann kommt sie, die Spitzengruppe der Etappe. Was heißt kommt, sie scheint tief zu fliegen. Ein Pulk aus irrwitzig wackelnden Kraftbergen, die Hände tief am Lenker, die Blicke nach vorn, die Gesichter verzerrt von der brutalen Anstrengung der letzten Sekunden dieser Etappe. Immer wieder verändert sich die Form des Pulks, wie ein Bienenschwarm, der einem Baum ausweicht, schlängelt sich die rasende Menge aufs Ziel zu. Das Gebrüll wird zum Orkan, Namen fliegen durch die Luft, die Zuschauer schreien sich die Lunge aus dem Leib und dann ist auch alles schon wieder vorbei. Mit 70 Sachen brettern die Ersten über den Zielstrich. Wer hat denn nun gewonnen? Zabel, Steels, Kirsipuu, McEwen, Blijlevens, O'Grady? Am besten warten wir auf die Wiederholung im Fernsehen. Es war wieder mal verdammt knapp, so genau hat es keiner gesehen. Irgendwie ist so ein Sprint auch eine gewaltige Ungerechtigkeit. Oft geht es um so gut wie nichts, um ein paar Zentimeter, um eine Reifenbreite nach über 200 Kilometern Rennen, um ein kleines bisschen mehr Energie in der Zeit eines Wimpernschlags. Und eigentlich mag man da ja kaum von Gewinner und Verlierer reden, wenn sich ein Rennen auf den letzten 200 Metern entscheidet, wenn 99,9 Prozent einer Etappe lediglich die Vorbereitung auf ein Sekundenfinale waren. Aber das ist nun mal so, und der Zweite ist der erste Verlierer. Der Radsport ist da gnadenlos. The winner takes it all – bei der Tour werden die Zweiten und Dritten nicht einmal aufs Podium gebeten. Küsschen und Blumen gibt es nur für den Ersten, egal, wie knapp es ausgeht.

Auf Mädels und Schampus können die Profis nach sieben Stunden im Rennsattel sicher verzichten, aber es ist trotzdem ganz schön bitter, wenn nur einer schneller war. Erik Zabel rauschte bei der Tour 1998 und 1999 siebenmal als Zweiter über die Ziellinie. Hart für einen, der in den drei Jahren zuvor auch siebenmal gewonnen hat. Damit musst du erst einmal leben lernen, auch mit der Süffisanz, die knappe Niederlagen bei den Konkurrenten auslöst. Na Junge, geht's nicht mehr so richtig? Fehlt der letzte Druck, der einen Sprinter eben ausmacht? Für Zabel war das nie eine Frage, für ihn war aber wichtig, dass ihm der Hunger nach Siegen nicht abhanden kommt. „Verlieren darfst du", sagt er, „aber wenn du plötzlich mit Platz zwei zufrieden bist, dann kannst du gleich aufhören." Natürlich kamen ihm Zweifel. „Ich habe mich 1998 und 1999 auch gefragt – bin ich jetzt eigentlich zu blöd, um zu gewinnen? Immer nur um Zentimeter zu verlieren, ist schon hart." 1999 viermal der erste Verlierer in der Tour, zweimal hinter Mario Cipollini, einmal hinter Tom Steels und auf der letzten

Ganz gleich wie bedeutend die Rennen sind und wer auf den filigranen Rennmaschinen von um die 8 Kilo Gewicht fährt, die Technik muss funktionieren. Und dafür betreibt in jedem Team eine eingespielte Mannschaft im Hintergrund erheblichen Aufwand.

Vor Saisonbeginn und auch zwischen den Rennen stehen im Winter und Frühling Tausende Trainingskilometer an, bevorzugt in südlichen Regionen wie auf Mallorca oder gleich auf der Südhalbkugel. Trainingslager beinhalten auch Zeitvertreib und Körperpflege – rasierte Beine heilen bei Sturzverletzungen einfach besser ab.

15
Team Telekom
Team Telekom

Etappe hinter Robbie McEwen, das Jahr zuvor dreimal knapp geschlagen, einmal von Cipo versenkt und zweimal von Steels. „Aber du musst trotzdem jeden Tag das Spiel von vorne beginnen, du darfst nicht den Glauben an dich verlieren“, sagt er.

Das ist nicht so einfach, zumal Erik auch ein Teamspieler ist. Er weiß genau, dass sich seine Helfer für ihn bis an den Rand der Erschöpfung über den Lenker biegen, dass er ohne sie keine Chance hätte, sich für den Sprint in die ideale Position zu bringen. Das setzt ihn zusätzlich unter Druck, die Mühe der Helfer soll nicht umsonst sein, er will die Früchte ernten, die seine Wasserträger mit gesät haben. Für die Moral – und auch für die Mannschaftskasse, immerhin bringt so ein Etappenerfolg etwa 17 000 Mark ein, für Platz zwei zahlt die Société schon etwa 7000 Mark weniger. An das Geld denken die Fahrer zwischen den Etappen aber nicht. Es geht um die Einstellung, um die Motivation, auch noch das Allerletzte aus sich herauszukitzeln. Und damit tun sich die Wasserträger leichter, wenn sie für den Sieger in die Pedale treten. „Für einen Helfer ist es verdammt hart, sich Tag für Tag den Arsch aufzureißen, wenn der Chef dann immer nur Zweiter wird“, sagt Zabel. Und er weiß, wovon er redet. Erik kennt das Mistgefühl des knapp Geschlagenen, wenn du mit stocksteifen Muskeln und rasselnden Bronchien vom Sattel steigst und die Jubler im Zielraum tragen das Trikot der Konkurrenz oder hauen dir gönnerhaft auf die Schulter, so nach dem Motto: war ja nicht so schlecht. 1994 war Zabel bei seiner zweiten Tour der Tophelfer für Telekom-Kapitän Olaf Ludwig. Damals fehlten dem Kämpfer aus Gera die allerletzten Körner. Auch er wurde viermal Zweiter, auch er scheiterte viermal an ein paar lumpigen Zentimetern.

Aber daran denkt Erik Zabel nicht mehr. Schon gar nicht zu Beginn des Jahres, wenn es wieder losgeht. Start ins Millennium, neues Jahr, neues Glück. Und natürlich viel Arbeit. Die Tour ist bei Trainingsbeginn Anfang Dezember im Kopf noch Lichtjahre entfernt, da fehlen noch schlappe 20 000 Kilometer im Sattel, bis es Anfang Juli beim Prolog in Futuroscope ernst wird. Für Erik beginnt das Jahr im Hochsommer Australiens bei der Tour down under. Einrollen, erster Test für die Beine bei bis zu 43 Grad Hitze und auch erste Kontakte mit seinem neuen Edelhelfer Gian-Matteo Fagnini. „Fagno“ soll in diesem Jahr die Lokomotive für Zabel sein, der Anfahrer, der das Tempo derart hoch hält, dass keiner mehr vorbeikommt – außer Zabel selbst natürlich. Der Mann mit dem Engelsgesicht wird sich als Glücksfall erweisen, der Profi aus Bergamo wird Erik einige Wochen später beim Klassikerauftakt Mailand–San Remo derart in Szene setzen, dass Zabels Sieg eine reine Freude ist.

Aber das weiß Ete da noch nicht. Auf den staubtrockenen Straßen Australiens beginnt das Jahr 2000, das er unter das Motto „jetzt erst recht“ stellen wird. Es beginnt aber auch das einsame Leben eines Radprofis, mit dem Erik nach acht Jahren im Job langsam Probleme bekommt. Zabel ist Familienmensch, er ist gerne zu Haus, aber eben so gut wie nie da. „Menschenskind, bis März bin ich maximal 12 Tage mit meiner Frau und dem Kleinen zusammen. Ich komm' mir manchmal vor wie ein Seemann.“ Die Tage im Hafen sind selten.

„Unser Leben“, sagt Zabel, „ist doch sehr speziell. Was zu Hause passiert, die ganz normalen Familienprobleme mit meinem Sohn Rick, geht doch ziemlich an mir vorbei.“ Er will nicht jammern, aber eigentlich mag Erik das Leben aus dem Koffer nicht mehr so sehr. Der Reiz des Neuen ist schon lange weg, er kennt alle Plätze, hat alles gesehen. Mal was anderes – da hat er schon noch Lust dazu. Einen Tag nach dem Henninger Turm am 1. Mai gönnt sich Zabel mit Familie eine Woche USA, einen Besuch der Metropole New York und ein paar Tage Golfen. Das muss mal sein, eine kleine Flucht aus dem immer gleichen Profialltag, die er sich nach seinem Superfrühjahr auch verdient hat.

Davor wurde monatelang konzentriert gearbeitet. Nach der Winterpause beginnt eben in jedem Jahr die Arbeit eines Radprofis, das Feilen an Kondition und Technik. Zabel vergleicht seinen Job gerne mit dem eines Künstlers. „Du bist wie ein Bildhauer, der an einer Skulptur arbeitet. Mein Werk ist mein Körper. Ich arbeite täglich an mir, aber irgendwie werde ich nie ganz fertig, bin nie ganz zufrieden. Und ich muss mich einschränken. Das fängt bei meinem Eheleben an und geht bei der Ernährung weiter.“ Askese für den Erfolg – mit den Jahren wird das immer schwieriger. Und Zabel ist ja erst 30, er hat noch einige Jahre als Rennfahrer vor sich.

Anfang März trifft sich Erik eine Woche lang mit seiner Familie auf Mallorca. Cordula und Rick besuchen ihn in El Arenal. Aber bis zum frühen Nachmittag sitzt der Papa jeden Tag auf dem Velo, Training mit Rolf Aldag. Danach vielleicht eine Runde Minigolf oder ein bisschen spazieren gehen. Viel Zeit bleibt auch beim Frühlingstrip ans Mittelmeer nicht und natürlich hat er auch noch Pressetermine. Das gehört im Profisport einfach dazu. Aber der Aufwand lohnt sich. Bei Tirreno–Adriatico gelingt ihm ein Spurterfolg über Mario Cipollini. In Deutschland wird das kaum registriert, das Rennen ist hierzulande unbedeutend. Aber der Sieg über Super-Mario ist Balsam fürs Selbstvertrauen. Freiwillig lässt Cipollini schließlich keinen Erfolg in seinem Heimatland aus. Und dann der Coup im März, der dritte Sieg bei Mailand–San Remo. 294 Kilometer zieht sich das längste Rennen der Saison von der lombardischen Industriemetropole an die Riviera. Und die letzten 50 haben es in sich. Weg von der Küstenstraße, rauf auf die Berge, und wieder runter. Es sind keine Pässe, die sich den Fahrern in den Weg stellen, aber nach der langen Strecke werden selbst 150 Meter Höhendifferenz zur Wand.

Ein reiner Sprinter wie Cipollini kann die Fahrt in den Frühling nicht gewinnen, weil er schon lange geschlagen ist, wenn zum Finale auf der Via Roma in San Remo geblasen wird. Dieses Jahr kommt Cipo immerhin bis zum letzten Anstieg mit, dem Poggio di San Remo. Aber dann ist

Oben: Die Tour Down Under in Australien im Januar 2000 brachte den Rennfahrern einen Vorgeschmack auf den Hochsommer – und es wird hier sogar auf Koalabären hingewiesen. Mario Cipollini, der schillernde italienische Sprintstar, hat oft genug seinen Gegnern das Hinterrad gezeigt. Die Tour 2000 musste er aber wegen einer Verletzung absagen. Nächste Doppelseite: Mailand–San Remo ist mit 294 km das längste Weltcup-Rennen und immer eine Fahrt aus der oft dunstverhangenen Lombardei in den Frühling an der malerischen Küste Liguriens. Erik Zabel liebt dieses Rennen und hat es 1997, 1998 und 2000 auch gewonnen.

Oben: Jens Heppner und Steffen Wesemann brachten sich bei der Frühjahrs-Etappenfahrt Tirreno–Adriatico in Schwung. Rechts: Kai Hundertmarck musste sich mit dem belgischen Kopfsteinpflaster beim Klassiker Het Volk herumschlagen.

Schluss für den Mann mit dem gegelten Haar. Mit Tempo 30 bergauf, da muss Cipollini abreißen lassen, fällt aus der Spitzengruppe zurück. Zabel bleibt vorne drin und mit ihm „Fagno" Fagnini, der an diesem Tag wahrscheinlich nur einen Tick weniger drauf hat, wenn überhaupt. Die beiden machen es perfekt. Fagnini zieht an, Zabel nimmt 150 Meter vor dem Ziel die Spitze und drückt durch – der Rest sieht nur noch sein Hinterrad: Zabels dritte Glanztat bei Mailand–San Remo. Der Sieg ist ein Erfolg des Teams und für Erik der Startschuss für einen Super-April. Weltcup-Punkte mehren sich durch seinen vierten Platz bei der Flandern-Rundfahrt, bei Gent–Wevelgem hätte er wohl auch gepunktet, aber ein schwarzes Pony, das von den Hubschraubern aufgeschreckt von der Weide ausgebüxt war, rennt Zabel einfach über den Haufen. Ein kurioser Crash, den es im Radsport wohl noch nie gegeben hat. Zabel nimmt es mit Humor und mit einem Bluterguss im Oberschenkel. „C'est la vie", sagt er, „erst habe ich mir überlegt aufzuspringen, aber der Gaul war einfach schneller." Abends im Hotel hat er sich die Bilder im Fernsehen angesehen, zusammen mit seinen Kollegen Rolf Aldag, Jan Schaffrath und Kai Hundertmarck. „Wir haben herzlich gelacht." Der Bub, dem das Pony gehört, hat sich später entschuldigt, Erik ihm ein Trikot schicken lassen. Damit war der Fall aus der Welt.

Nur 96 Stunden später Paris–Roubaix. Ein trockener Tag, die Kopfsteinpflaster verlieren dadurch etwas ihren Schrecken. Zabel tritt an und wird am Ende der Schinderei Dritter auf der Radrennbahn in Roubaix. Das Trikot des Führenden im Weltcup sitzt nun schon verdammt fest auf seinen Schultern. Auch wenn er bei Lüttich–Bastogne–Lüttich nicht unter die ersten 25 kommt, also auch keine Punkte sammeln kann. „Das war auch gut so, um nicht abzuheben." Aber diese Gefahr besteht bei einem wie Zabel nie. Ende April gewinnt Erik sein zweites Weltcuprennen, das Amstel Gold Race in Holland. Die Führung im Weltcup ist ihm nach der Tour kaum mehr zu nehmen – wenn überhaupt. Seinen Titel am Henninger Turm kann er am 1. Mai nicht verteidigen, aber als er in den Flieger nach New York steigt, hat Erik Zabel das erfolgreichste Frühjahr seiner Karriere hinter sich.

Und es wurde fast noch besser: Bei der Deutschland-Tour holte sich Erik souverän die Etappensiege in Pforzheim, Ansbach und Berlin, die Katalanische Woche Mitte Juni beendete er mit zwei Etappenerfolgen. Ete kam in Fahrt, während Super-Mario nach einem für ihn nur mittelprächtigen Giro durch einen Sturz lange außer Gefecht war und schließlich sogar die Tour absagte. Kommentar Zabel: „Bisher hat Cipollini die letzten zehn Tage gefehlt, jetzt eben schon die ersten." Treffend – wenn auch nicht ganz ernst gemeint.

Ullrichs langer Weg

„Komm' Eule, mach' schnell." Dieter Ruthenberg, den alle Welt nur „Eule" nennt, weiß, was er zu tun hat, immerhin ist er schon ein halbes Leben als Betreuer von Profiradlern unterwegs. Aber es gibt immer wieder Tage, wo er seinen Job nicht so gerne macht. Heute ist wieder so einer. Er wird jetzt gleich seinem Lieblingsschützling weh tun müssen, und zwar richtig. Und der will das auch noch. Jan Ullrich ist gestürzt, ein blöder Fehler bei der zweiten Verpflegung, und schon ist es passiert. Ein Helfer schlenkert den Beutel mit den nötigen Kalorienbomben direkt in das Vorderrad des neuen deutschen Radhelden. Der segelt über den Lenker, knallt unsanft auf die Straße. Schürfwunden überall, die Tapete ist ab, wie die Radfahrer sagen, dazu ein gewaltiges Hämatom am Ellenbogen. Ullrichs Armgelenk sieht aus, als habe er ein Hühnerei unter der Haut.

Eigentlich könnte er aufgeben, aussteigen, das Rennen hier und jetzt beenden. Seinen Job als Helfer von Bjarne Riis hat er in den Alpen tadellos gemacht, ist in seinem Sog bis hierher nach Valence eine grandiose Tour de France gefahren. Er ist gerade 22 Jahre alt, hat als Debütant bei dieser Tour 1996 mehr erreicht als irgendjemand und vor allem er selbst erhoffen konnte. Niemand würde auch nur einen kritischen Ton sagen, wenn er an diesem Abend nach der elften Etappe die Koffer packt und nach Hause fährt.

Im Gegenteil – es ist nichts Ungewöhnliches, wenn ein junger Profi seine erste Frankreichrundfahrt nicht zu Ende fährt. Lance Armstrong hat man bei seinem Debüt zur Schonung seiner Kräfte auch nach zehn Tagen aus dem Rennen genommen. Unverletzt.

Jan Ullrich will aber nicht nach Hause. Blutend steht er unter der Dusche im Hotelzimmer, beißt die Zähne zusammen und lässt Eule seinen Job machen. Beim Sturz hat sich viel Dreck unter die geschundene Haut geschoben. Kleine Steinchen, Splitter, Schmutz. Das muss alles weg, damit sich die Wunden nicht entzünden und sauber abheilen können. Also reibt der Masseur die zerfetzte Haut mit der Wurzelbürste ab. „Das ist wirklich kein Spaß“, sagt Eule, „aber es muss sein.“ Jan Ullrich beißt die Zähne zusammen, obwohl ihm fast schwarz vor Augen wird. Eine Stunde später sitzt er mit der Mannschaft beim Abendessen. Zum Dessert gibt es noch ein Interview, aber Ullrich sagt kein einziges Wort über die Pein unter der Dusche. „Ich will die Tour zu Ende fahren.“ Das macht er dann auch und kommt als Zweiter nach Paris.

So viel zum Thema, dass Jan Ullrich die nötige Härte für seinen Job fehlen würde. Jedes Jahr muss er sich damit auseinander setzen, im Frühjahr, wenn seine Form noch nicht stimmt und sein Gewicht nicht dem entspricht, was andere meinen, was er auf den Rippen haben darf. Sein Weg zur Tour ähnelt einem Spießrutenlauf. Im Jahr 2000 war es richtig heftig.

Im Januar rollt Jan gut gelaunt die Trainingseinheiten auf Mallorca herunter. Im Verhältnis zu den Jahren zuvor ist er erstaunlich austrainiert, es scheint ein richtig gutes Frühjahr für ihn zu werden. Wird es aber nicht, im Gegenteil. Nach der Rapport-Tour im Februar in Südafrika ist der Wurm drin. Erkältungen, Infekte und dann ist auch das Gewicht wieder da. Jan sagt alle Rennen ab, zieht sich zum Training zurück nach Merdingen.

An sich ist das keine Katastrophe, Jan wird nie ein Mann des Frühjahrs werden. Und das muss auch nicht sein, da können Radsportlegenden wie Bernard Hinault herummäkeln, wie sie wollen. Auch ein Miguel Indurain hat sich im Frühjahr selten in Rennform präsentiert, hat seine ganze Energie in die Vorbereitung auf den Giro d'Italia und die

Tour gelegt. Und warum sollte Jan Ullrich etwas tun, gegen das er sich innerlich sträubt? Letztlich wird er an den drei Wochen im Juli gemessen. Es gibt nun mal Menschen, und er gehört sicher dazu, die mit Kälte nichts anfangen können und die sich im Frühjahr jeden Infekt einfangen, der gerade die Runde macht. Und daran wird sich auch nichts ändern. „Ich habe immer wieder versucht, andere Wege zu gehen, aber ich habe es halt nicht hingekriegt", sagt er.

Jan Ullrich will ihn einfach nicht mehr versuchen, den Spagat zwischen Ansprüchen von außen und dem, was er selbst will. „Klar, ich würde schon gerne im Frühjahr ordentlich auftreten, es macht mir auch keinen Spaß, hinten rumzufahren. Aber was zählt, ist für mich die Tour, und ich habe nun mal das Gefühl, dass ich von dem Moment an, in dem ich in Topform bin, nur sechs oder sieben Wochen auf höchstem Niveau fahren kann." Das heißt, es würde ihm innerlich sogar widerstreben, schon im März voll im Saft zu stehen. „Das stimmt", sagt er, „ich habe irgendwie eine kleine, innere Bremse gegen Frühform." Und die Probleme mit dem Gewicht sind etwas, das er mit vielen Menschen teilt, auch wenn es natürlich für einen Hochleistungssportler ein ziemliches Manko ist, nicht Herr seiner Figur zu sein. „Ich weiß das, aber ich bin eben auch nur ein Mensch. Es ist schon verdammt schwer, immer hundert Prozent korrekt zu leben, sich immer und jeden Tag nur ganz auf das Ziel Tour de France zu konzentrieren."

Aber wenn er mitgefahren ist, dann ist ihm das auch gelungen. Einmal Erster, zweimal Zweiter, das ist eine beeindruckende Bilanz. Jan Ullrich lebt eben auch die leichte Exzentrik, die zu Leuten gehört, die in der Lage sind, Außergewöhnliches zu leisten. Jan schafft den Kick ganz nach oben, dafür schlägt bei ihm das Pendel auch mal ziemlich weit nach unten aus. „Manche", sagt er, „manche fahren das ganze Jahr gut, gewinnen aber nie, und ich bin eben so ein Typ: entweder fahre ich ganz hinten rum, oder ganz vorne."

Den Humor hat er jedenfalls im Frühjahr nie verloren. Ende März in Merdingen. Jan kommt gerade vom Training mit der Mannschaft in Badenweiler. Wir sitzen im Gasthof Keller, es duftet ungemein gut nach badischer Küche, aber er hält sich eisern an einem Glas Mineralwasser fest. Seit Wochen hämmert es schon wieder über ihn herein. „Vielleicht", frotzelt er, „vielleicht bin ich ja im Frühjahr gar nicht so schlecht. Aber mit vier, fünf Kilo Übergewicht fährt man am Berg halt nicht mit." Muss er auch nicht, dafür steht er bei der Tour im Fokus und er hält das auch aus. Jan Ullrich ist stark genug, er kennt die Regeln des Metiers, aber er will das Gesetz des Handelns nicht aus der Hand geben. Er weiß, dass er sich auf den Tag genau vorbereiten kann, dass er seine Leistung dann abrufen kann, wenn es sein muss. Das ist seine Motivation und seine Freude am Erfolg. „Verdammt noch mal", sagt er, „ich bin kein Eddy Merckx. Vergleicht mich nicht immer mit ihm, er ist der größte Rennfahrer überhaupt. Ich kann wahrscheinlich nicht fünfmal die Tour gewinnen, aber einmal habe ich es geschafft und das kann mir keiner mehr nehmen."

Und weil er es noch einmal schaffen will, trinkt er eben an diesem Abend eisern Mineralwasser. Die Askese gelingt ihm nicht immer, und er will auch nicht auf alles verzichten. Auch nicht in seinem Beruf, Spaß muss es schon noch machen. Walter Godefroot, Jan Ullrichs Chef beim Team Telekom, stellt sich immer vor seinen Schützling. „Jan kann einfach nicht 12 Monate lang jeden Tag nur für den Radsport leben – und ich kann das auch verstehen", sagt der Belgier.

Erfolg braucht Jan aber genauso wie Ruhe. „Eines ist klar", sagt er, „wenn ich den Spaß verliere und das Gefühl habe, nicht mehr gewinnen zu können, höre ich von einem auf den anderen Tag auf. Es wäre das Schlimmste für mich, zwei, drei Jahre im Zirkus mitzufahren und nicht mehr meine Leistung zu bringen. Beifahrer möchte ich nie sein. Ich will mit einem großen Erfolg aufhören, dafür fahre ich Rad."

Und dafür meldete er sich Mitte Mai auch im Zirkus zurück. Auftritt bei der Rundfahrt Midi Libre im Südwesten Frankreichs. Ein gewaltiger Medienrummel begleitet Jan bei seinen ersten Rennkilometern nach der langen Pause. Die Experten schauen skeptisch, bei der Königsetappe mit sieben Bergpassagen verliert er knapp eine halbe Stunde auf den Sieger, beim relativ kurzen Zeitfahren über 26 Kilometer über drei Minuten. Aber Jan ist trotzdem zufrieden. „Ich bin im Plan", sagt er.

Und er setzt ihn fort. Bei der Deutschland-Tour rollt es bereits besser, Jan stellt sich in den Dienst der Mannschaft, testet gelegentlich die Beine, die aber immer noch nicht so recht wollen. An seinem Hausberg, dem Kandel, kann er nicht mit den Besten hochfahren, aber es ist auch nicht sein Wetter. Kühl, regnerisch – das mag er wie Bauchweh. Bei der Tour de Suisse dann aber der Beweis, dass die vom Team monatelang fast gebetsmühlenhaft vorgetragenen Vertröstungen („Jan kommt noch in Form.") auch stimmten. Beim Zeitfahren in Sierre eroberte Jan das Goldtrikot des Führenden, sein Sportchef Pevenage köpfte eine Flasche Champagner – und die Fachwelt staunte. So schnell geht es eben im Sport. Jan verteidigte das Trikot auch noch über zwei schwere Bergetappen und katapultierte sich plötzlich wieder in die Rolle eines Favoriten für die Tour. „So einen Formaufbau, das schafft nur Jan", sagt Rudy Pevenage am Ziel der Tour de Suisse in Baden vergnügt. Jan sagt nach seinem fünften Platz nicht viel, aber es ist zu spüren, dass es für ihn eine Genugtuung ist. Die Tour de France kann jedenfalls beginnen.

Jan Ullrich ist im Frühjahr selten bei Rennen zu sehen. Geht es auf den Sommer zu, dann baut er gezielt zum Beispiel bei der Tour de Suisse wenige Wochen vor der Tour de France seine Form auf.
Dynamik pur zeigt er besonders beim Zeitfahren, hier auf seiner im Jahr 2000 aktuellen Maschine mit einem Rahmen aus Kohlefaser-Werkstoff und im Trikot des Zeitfahr-Weltmeisters, das er im Oktober 1999 in Verona errang.

D1
uci
Jan Ullrich

Oben: Mannschafts-Zeitfahren gelten als besondere Herausforderung; vom gesamten Team muss die Mehrheit der Fahrer so schnell wie möglich ins Ziel kommen, nur wenige dürfen sich nach aufreibender Führungsarbeit am Schluss ein wenig zurückfallen lassen, weil auch hier Zeitüberschreitung droht.
Links: Radsportstars sollten im Umgang mit den Fans umgänglich und geduldig sein. Dass er das ist, beweist Erik Zabel immer wieder, hier am Rand der Deutschland-Tour 2000 in Berlin.
Rechts oben: Wie stark sie in den Bergen Jan Ullrich (hinten im Goldtrikot des Führenden) unterstützen können, haben Giuseppe Guerini (rechts) und Udo Bölts (Mitte) in der Schweiz nachdrücklich bewiesen.
Unten: Und das Duo Gian-Matteo Fagnini (links) und Erik Zabel ist bei optimalem Rennverlauf im Sprint nur schwer zu schlagen.

REISEBEGLEITER DURCH FRANKREICH

Zwischen dem, was Begleiter oder Fans während der Tour von Frankreich, seinen landschaftlichen Schönheiten und der berühmten Küche mitbekommen, und dem, was die Fahrer an energiereicher Einheitskost jeden Tag zu sich und an harter Arbeit auf sich nehmen müssen, liegen Welten. Tipps für die beste Art, möglichst viel zu sehen und zu erleben, werden verraten.

Von der Rhône her riecht es mächtig nach Fernweh. Es ist schon dunkel, die Luft aber immer noch warm, die Gässchen voller Menschen, die kleinen Tische vor den Restaurants alle belegt. Bis auf den letzten Platz. Ein Hochsommerabend in Avignon, Zeit um ein klein bisschen Luft zu holen. Nein, nicht für die Radprofis, die waren heute auf dem Mont Ventoux und sind platt wie alte Autoreifen. Die geschafften Berufsradler machen sich langsam auf in ihre Hotelzimmer, abgefüllt mit Sportlernahrung, mit Bergen von Spaghetti, mit ein wenig weißem Fleisch, mit Gemüse und vitaminreichem Obst. Dazu viel, viel Wasser. Die Hauptakteure der Tour merken nur an der Landschaft und am Wetter, welchen Teil Frankreichs sie gerade unter die Räder nehmen. Das Essen bleibt für sie überall ähnlich, die Hoteliers werden von den Organisatoren der Tour in puncto sportgerechte Ernährung genau unterrichtet, was aber nicht immer hilft. „Man sollte denen mal sagen, dass al dente acht Minuten kochen heißt und nicht eine Stunde“, witzelt Erik Zabel, ohne es besonders lustig zu finden. Schließlich muss er den Nudelbrei auch essen.

Die Weinkarte kennt ein Radprofi eh nur von außen. Allerdings mit Ausnahmen. Bei italienischen Teams gehört das Gläschen Rotwein am Abend fast zur Rennphilosophie und die Wissenschaft hat ja auch schon dankenswerterweise ermittelt, dass „un peu vin rouge“ die Durchblutung fördert – was für einen Leistungssportler nun auch nicht unbedingt schlecht ist. Und besser schlafen kann man auch. Normalerweise ist für die Profis Essen und Trinken bei der Tour aber schlicht Nahrungsaufnahme, Auffüllen der Energiespeicher, sicher kein lustvolles Schlemmen.

Manche Teams haben sogar ihren eigenen Koch dabei, der genau darauf achtet, dass der Athlet nur das bekommt, was er braucht und was gut für ihn ist. „Warum es Essen wie Gott in Frankreich heißt, wird mir bei der Tour immer ein Rätsel bleiben“, klagt Erik Zabel, „die Küche bei der Tour ist eben doch ein bisschen sparsam. Dafür lädt uns Walter Godefroot in Paris noch in ein Drei-Sterne-Restaurant ein. Das ist dann schon exquisit.“

Aber bis dahin liegt noch ein gutes Stück Weg vor den Profis. Manchmal ist es eben ein gewaltiger Vorteil, die Tour ohne jede sportliche Ambition zu begleiten. Schon alleine wegen der kulinarischen Seite, die wir Begleiter vor den Rennfahrern genießen können. Auch nicht jeden Tag, aber an diesem Abend in Avignon haben wir noch ein Tischchen in der Altstadt mit Blick auf den Papstpalast ergattert. Cuisine provençal, Hühnchen im Steintopf gegart mit viel Zitrone und mit raffinierten Kräutern abgeschmeckt, dazu frisch gebackenes Brot. Drei Stunden Völlerei, viel kühler Weißwein dazu – das ist Leben wie Gott in Frankreich, besonders natürlich in der Provence, im „Reich der Sonne“, im mediterranen Teil des Landes mit seinen unvergleichlichen Düften und einem Licht, das schon seit Jahrhunderten Maler aus der ganzen Welt fasziniert. An solchen Abenden hat der Tourstress für ein paar Stunden Pause, die Hitze, der Stau, die Hektik und die ewige Sucherei. Und während die Rennfahrer das Licht in ihren Zimmern ausknipsen, bestellen wir noch eine Flasche Wein und, wenig spä-

Der Eiffelturm steht in Paris, und dorthin wollen alle Profis, die drei Wochen zuvor die Tour in Angriff nehmen.
Oben: Tour-Touristen kommen mit den Menschen in Frankreich viel besser ins Gespräch als die Rennfahrer.

ter, noch eine. Übrigens ohne böses Erwachen am nächsten Morgen, der Tropfen hat Qualität. Kein Wunder, schließlich sind wir in Frankreich.

Die Tour de France ist für Begleiter und Besucher immer auch eine Sommerreise durch ein Land zwischen Haute Couture und Haute Cuisine, zwischen Notre-Dame und Le Corbusier. Für die Fahrer ist der Etappenplan dagegen eher ein technisches Ding. Sie interessieren sich für Streckenlängen, Steigungen, wo es Verpflegung gibt und aus welcher Richtung wohl der Wind kommt. Wobei Letzteres jeder beantworten kann, der selbst schon einmal im Sattel gesessen hat: Wind kommt beim Radeln von vorn. Das ist so etwas wie ein Naturgesetz. Nicht zu beweisen, aber trotzdem wahr.

Erik Zabel hat den Kurs für sich unter einem ganz besonderen Aspekt angeguckt. Hat einer wie er die Chance, in der ersten Woche für eine gewisse Zeit das Gelbe Trikot zu erobern. „Eher nicht", sagt er, „der Prolog ist mit 16 Kilometern viel zu lang und dann kommt schon drei Tage später das Mannschaftszeitfahren." Die Eindrücke von den Bergen sind für ihn ein zweifelhaftes Vergnügen. Ein bisschen versucht Erik wenigstens das Panorama zu genießen, auch im steilen Gelände. „Letztlich", sagt er, „letztlich ist es aber egal, ob sie dich nach Courchevel schicken oder nach Alpe d'Huez – das tut beides gleich weh."

Einen erstaunlichen Einblick gewährt Jan Ullrich. Der Mann, der in Frankreich zum Weltstar geworden ist, der auch von vielen Franzosen als „Jan Ühlrick" verehrt wird, kann mit dem Land nicht sonderlich viel anfangen, vorsichtig gesagt. „Ich weiß nicht, warum das so ist, aber ich bin eigentlich überall lieber als in Frankreich", sagt er. Jan will, wie er sagt, „einfach nicht so richtig warm werden" mit dem Land seiner größten Erfolge. Boris Becker hat einmal den Centre-Court von Wimbledon als sein Wohnzimmer beschrieben. Auf eine vergleichbare Idee käme Jan nie, obwohl er in Merdingen nur einen Katzensprung von der französischen Grenze entfernt lebt, mitten in einem Weinbaugebiet, was den gebürtigen Rostocker den Franzosen sicherlich noch viel sympathischer macht. Aber es gilt halt nicht umgekehrt.

Seine Ambitionen, eines Tages Französisch zu lernen, hat Jan mittlerweile begraben. „Vielleicht versuche ich es mal mit Italienisch oder Spanisch, aber Französisch lerne ich wohl nicht mehr", sagt er. Mit seinen Konkurrenten spricht er lieber Englisch. „Das verstehen 95 Prozent meiner Kollegen." Zu einer geschliffenen Debatte mit Richard Virenque wird es also nicht mehr kommen, Jans Ambitionen auf einen Sieg bei der Tour leiden aber nicht unter seiner nicht gerade überschäumenden Sympathie für die Grande Nation. Auch Erik hat manchmal seine Probleme mit dem „oft doch sehr speziellen Charakter" der Franzosen. Das Land findet er aber schön, besonders im Süden. Und wenn er mal dazu Zeit hat, will er in Nizza Urlaub machen. Die nächsten Jahre wird er das nicht können – zumindest nicht im Juli.

Auch Nordfrankreich hat natürlich seinen Charme während der Tour. Die großen Städte sind dann nicht überfüllt, toute la France ist im Urlaub, bevölkert die Erholungsdörfer in den Bergen, die Strände am Atlantik und am Mittelmeer, weshalb die Tour übrigens nur noch selten an die Küste kommt, sieht man einmal von großen Städten wie Bordeaux, Perpignan oder Narbonne ab. Oder nach Marseille wie vor einigen Jahren. Abends dann Bouillabaisse bei „Chez Paul" im Alten Hafen. Ein außergewöhnliches Erlebnis in Frankreichs Süden. So etwas gibt es eben nur am Rande der Tour de France.

Die reinen Badeorte sind im Juli dagegen rappelvoll. Würde die Tour zum Beispiel nach St. Tropez rollen, wüsste kein Mensch, wohin mit den knapp 3000 Begleitern, die jeden Abend ein Bett haben wollen. An der Côte d'Azur sind im Juli selbst die Campingplätze bis auf den letzten Stellplatz ausgebucht.

Vorhergehende Doppelseite und links: Leider bleibt den Fahrern nicht viel Zeit, die Schönheiten der französischen Landschaften unterwegs wahrzunehmen oder gar zu genießen.

Landschaftlich beeindrucken besonders die Pyrenäen. Die Region gehört zu den am dünnsten besiedelten in ganz Europa, so dass man, wenn die lärmende Tour erst einmal vorbei ist, in Ruhe die Natur genießen kann. Es sei denn man besucht Lourdes, das im Sommer auch ohne Tour de France von Menschen nur so wimmelt. Die Stadt behauptet, mehr Pilger in jedem Jahr begrüßen zu können als Rom oder Mekka. Und so sieht es dort auch aus. Der Devotionalienhandel blüht, der Kitsch erst recht. Davon ist aber schon ein paar Kilometer weiter nichts mehr zu spüren. Die Auffahrt nach Hautacam ist nur noch eine steile Forststraße, auf der sonst nicht viel los ist. „Da hat Bjarne 1996 seinen Toursieg perfekt gemacht", erinnert sich Jan Ullrich, „das war ein ganz hartes Ding. Die ganze Mannschaft hat geackert, sich für Bjarne ins Zeug gelegt und alle Attacken der Konkurrenz abgefangen. Diesmal werden sie das für mich tun müssen."

Genauso überwältigend sind die Etappen durch die Alpen, auch wenn die französischen Skistationen oft von einer fast schon grausamen Hässlichkeit sind. Hochhaussiedlungen im Hochgebirge, eine Architektur, die sich zumindest bei den älteren Orten meistens null Komma null in die Gegend einpasst, funktionale, gigantische Bettensilos.

Davon ist allerdings am legendären Col du Galibier nichts zu spüren, am Königspass der Tour. „Zum Glück kommen wir diesmal von der anderen Seite", sagt Jan, „die ist ein klein wenig leichter zu fahren. Aber der Galibier bleibt schon der schwerste Pass. Ich erinnere mich noch genau, wie ich 1998 hier die Tour verloren habe. Das werde ich wohl auch nie vergessen, obwohl ich mich bemühe, die Gedanken daran aus meinem Kopf zu bringen."

Ein landschaftliches Highlight war dagegen in diesem Jahr die Etappe von Carpentras auf den Mont Ventoux. Die Gegend um das windumtoste Massiv ist Provence pur. Pittoreske Städtchen wie Malaucène oder Vaison-la-Romaine, in denen der Marktplatz noch genau so aussieht, wie man ihn sich vorstellt. Mit alten knorrigen Platanen, mit dem Duft nach Thymian, Salbei und Lavendel. Auf den Plätzen vergnügen sich alte Männer mit wettergegerbten Gesichtern, die sich beim Boulespiel derart typisch mit Baskenmütze und zwischen den Lippen hängenden Gauloises präsentieren, als habe sie der Fremdenverkehrsverband eigens dafür engagiert. Unweit davon ursprüngliche Landschaft. Im Gorges de

la Nesque windet sich ein Sträßchen abenteuerlich an fast weißen Felswänden entlang. Ein paar hundert Meter tiefer donnert der Wildbach – das einzige Geräusch außer dem Zirpen der Grillen. Der absolute Friede hier. Kaum vorstellbar, dass nur ein paar Kilometer weiter sich Radprofis gnadenlos schinden. Die Landschaft lädt dazu ein, die Seele baumeln zu lassen und nicht sich zu quälen.
Für Erik Zabel war es die erste Fahrt hinauf zum Sendemast in 1900 Meter Höhe. 1994 ist er bei seiner ersten Tour de France vor der Etappe über den Ventoux mit einer Magen-Darm-Infektion ausgestiegen. Auch Jan hat diesen Gipfel vorher noch nie im Sattel bezwungen. „Ich war früher mal ganz in der Nähe", sagt er, „schon der Anblick aus der Ferne hat mir gereicht. Kein Baum, kein Strauch, sicher auch kaum Sauerstoff auf den letzten Kilometern – du siehst förmlich, dass dieser Berg an die Substanz geht." Für einen Profi wie Ullrich ist der Ventoux aber auch eine Herausforderung. „Ich muss da ja nicht als Einziger hoch, sondern alle. Deshalb hält sich meine Angst vor dem Mythos Mont Ventoux auch in Grenzen." Zu Recht – und am Abend kann auch Jan Ullrich die traumhafte Gegend genießen.
Und das ist nicht nur in der Provence so. Ein schönes Stückchen Erde, ein kleines, aber feines Restaurant lässt sich immer am Rande der Tour finden – wenn man Zeit und vor allem einen guten Reiseführer hat. Auf jeden Fall sollten die Fans der Tour entweder voraus oder hinterher fahren. Während des Rennens ist alles voll, laut und hektisch.
Alte Tourhasen sind dem Peloton immer einen Tag voraus. Sie suchen sich ein Zimmer im Etappenziel des kommenden Tages, lassen am Renntag das Feld an sich vorbei und brechen danach auf Richtung Ziel des kommenden Tages.
In den Pyrenäen und Alpen gibt es je nach Tourverlauf immer auch Orte, die sich als Drehscheibe für zwei oder drei Etappen eignen. Von St. Gaudens sind alle relevanten Pyrenäenpässe mühelos zu erreichen, der wunderschöne Lac d'Annecy bietet sich als Stützpunkt für die meisten Alpenetappen an – und zum traumhaften Fischessen am Abend.
Oder zum Finale nach Paris, zum Beispiel als Ausflug mit dem Zug. Samstagabends fährt der Orient-Express von Straßburg nach Paris, Ankunft so gegen sechs Uhr am Morgen. Die Stadt schläft noch, rund um den Gare de l'Est öffnen aber bereits Gemüse- und Fischhändler ihre Läden. Die ersten Cafés stellen die Tischchen nach draußen, es gibt frische Croissants – und das am Sonntagmorgen. Frühstück mit der neuesten Ausgabe der L'Équipe und mit viel Milchkaffee. Dann mit der Metro mitten rein ins Gewühl der Champs-Élysées. Wer nach dem Finale noch ein wenig Zeit hat, kann günstig Tour-Souvenirs kaufen. Am Ende werden sogar die geliebten Pins, auf denen „Tour 2000" steht, oder das Gelbe Trikot ein bisschen billiger. Und dann, am Abend, wieder zurück mit dem Zug, während die anderen rund um Paris wieder mal im Stau stehen.
Es gibt viele Wege, sich der Tour zu nähern, sie alle haben ihren Reiz. Man muss nur ein paar Dinge beachten. Tour de France heißt auch Hektik pur, abgesperrte Straßen, manchmal schon etwas genervte Polizisten, hoffnungslos überbuchte Hotels und Restaurants, in denen es nicht einmal mehr einen Stehplatz gibt und oft nur lausiges Massenessen. Deshalb sind gute Organisation, Geduld und große Gelassenheit die besten Ratgeber überhaupt. Wer zur Tour fährt, sollte Reservierungen für Hotelzimmer haben oder ein Wohnmobil, er braucht, vor allem in den Bergen, genügend Langmut für stundenlange Staus und Nerven wie breite Nudeln. Die Franzosen bringen es jederzeit fertig, am Ende eines Tals eine Baustellenampel auf Wochenendbetrieb zu lassen, auch wenn sich tausendmal mehr Autos als sonst Richtung Hauptstraße quälen. Also immer etwas Proviant im Auto dabei haben und etwas zu lesen. Oder am besten gleich mit dem Rad an die Strecke. Dann bist du der König und hast einen Platz zum Abendessen, wenn die anderen noch nicht mal die Hälfte des Staus abgestanden haben. In diesem Jahr war die Tour mal wieder in Deutschland zu Gast. Zeitfahren in Freiburg – für Jan Ullrich ein Rennen direkt vor der Haustür. „Ausgerechnet bei mir zu Hause gibt es richtig Stress", unkte Jan vor dem Start, „aber die vielen Fans werden mir sicher helfen, noch schneller zu fahren."
Frankreich und die Tour erleben, heißt auch Französisch sprechen. Zumindest hilft es enorm. Es muss nicht perfekt sein, die meisten freuen sich schon, wenn der Gast es wenigstens versucht, außer Kellner in Hektik. Englisch nützt nicht viel, da sind unsere Nachbarn sehr eigen. Die meisten können es zwar, die Jungen zumal, weil sie es in der Schule gelernt haben und auch jeden Tag MTV gucken, wie alle anderen junge Leute in Europa auch. Aber sie mögen einfach nicht Englisch sprechen, die Sprache scheint so beliebt zu sein wie ein Besuch beim Zahnarzt. Wer Fragen hat, sollte es lieber in holprigem Französisch oder zur Not auch in Deutsch versuchen.
Hier in Avignon hilft aber nur Französisch. Aber wir haben jetzt auch Zeit. Es ist spät geworden, nach einem hektischen Tourtag kehrt Ruhe ein. Vielleicht doch noch eine letzte Flasche Wein, es ist doch noch so mild und schlafen können wir auch wieder zu Hause, wenn die Tour vorbei ist, so etwa in zehn Tagen.
In Paris wird es dann sein wie in jedem Jahr. Bloß schnell weg hier, nach Hause, erst einmal 12 Stunden schlafen und zwar in einem richtigen Bett, danach wieder mal richtig rasieren und mindestens einen Tag keinen Meter Auto fahren. Aber der Stress ist nach ein paar Tagen vergessen. Und spätestens im Frühjahr kommt sie wieder – die Freude auf die Tour, auf das Radrennen und auf Abende wie den in Avignon.

«Sur le pont d'Avignon ...» heißt es im Volkslied, gemeint ist das Überbleibsel des Pont Saint-Bénezet aus dem 12. Jahrhundert, die sich einst über die Rhône spannte. Heute gibt sie einen malerischen Vordergrund ab für den Papstpalast, in dem im 14. Jahrhundert mehrere Päpste residierten.

Wer die Tour besucht, braucht Zeit, Geduld und eine Portion Fanatismus. Wie anders wäre es sonst auszuhalten, dass das Fahrerfeld auf Flachetappen meist in wenigen Sekunden bis Minuten komplett an den Betrachtern vorbeirauscht.
Etwas besser ist das in den Bergen. Hier muss man sich allerdings bereits frühzeitig einen guten Platz an der Strecke sichern, um beispielsweise mehrere Serpentinen zu überblicken. Am besten bekommt den Kampf der Helden der Landstraße um die entscheidenden Sekunden mit, wer außer einem gut eingerichteten Standplatz fürs Wohnmobil oder Zelt auch noch einen Fernseher dabei hat.

Tour 2000 – Highlights der Etappen

Keine Tour de France verläuft wie die im Jahr oder in den Jahren zuvor. Wohl gibt es bei den flachen, den hügeligen oder den schweren Hochgebirgs-Etappen immer wiederkehrende Muster, wie sich ein Renntag entwickeln kann. Die Ungewissheit und Überraschungen, die das Publikum liebt und die Beteiligten vielleicht eher quält, hat mehrere Ursachen: Die Strecke ist jedesmal anders, das Wetter auch – und selten treffen dieselben Favoriten mehrere Jahre nacheinander aufeinander. Zudem wandelt sich die Besetzung der Mannschaften.

So war der radsportliche Leckerbissen des Jahres 2000 als einmalig zu betrachten: Die Sieger der Jahre 1997, 1998 und 1999 traten erstmals bei „der großen Schleife“ gleichzeitig an – und sie hatten bis auf den äußerst selbstbewussten Amerikaner Lance Armstrong, den klaren Sieger von 1999, bis kurz vor der Tour nur zum geringeren Teil ihre Karten aufgedeckt. Für Marco Pantani, den Gewinner von 1998, sprach außer einer gewonnenen Etappe beim Giro d'Italia noch nicht viel. Und der Triumphator von 1997, Jan Ullrich, hatte wenigstens bei der Tour de Suisse rund zwei Wochen vor der Tour de France angedeutet, wie steil seine Form angestiegen war. Wer letzten Endes die Nase vorne haben sollte, wird auf den nächsten fast hundert Seiten beleuchtet – nicht streng chronologisch und lückenlos, immer wieder durch Rückblicke und Momentaufnahmen des gesamten Drum und Dran bei solch einem Sportereignis angereichert.

In Futuroscope, dem Freizeitpark nahe Poitiers, wurden am Tag vor der ersten Etappe alle Mannschaften dem Publikum vorgestellt: hier der Sieger von 1999 Lance Armstrong mit seinen 8 Teamkollegen des United States Postal Service, kurz US Postal.

Der Auftakt

Die Tour de France ist eines der erstaunlichsten Sportspektakel überhaupt und auf jeden Fall ein gewaltiger Auftrieb an Menschen und Maschinen, an Rennfahrern mit ihrem Tross, an Sponsoren und Prominenz, sozusagen ein lärmendes Drei-Wochen-Open-Air. Trotzdem sind Jan Ullrich und Erik Zabel froh, als es am 1. Juli in Futuroscope endlich losgeht. Vorbei die Zeit der Vorbereitung und des Kaffeesatzlesens. Insbesondere für Jan, der sich monatelang auf ein wandelndes Gewichtsproblem reduziert sah. Das ist bitter für einen Sportler, aber es lag auch an ihm selbst. „Ich mache mir das Leben manchmal selbst schwer“, räumt er ein. Aber er hat die Kurve gekriegt, Süßigkeiten und Eis rechtzeitig weggesperrt. Kurz vor dem Start in Futuroscope liegt das Trikot eng an, sein Gesicht verjüngt sich unter den Wangenknochen, kein bisschen mopsig sieht er aus, als er zur obligatorischen medizinischen Untersuchung in das Kongresszentrum von Futuroscope kommt. Atmung, Blutdruck, Herztätigkeit – alles normal. Einen Tag vorher ist er in Freiburg auf dem Ergometer bei einem Belastungstest über 500 Watt gefahren.

Das ist ein Spitzenwert – und alle staunen wieder, wie er den Formaufbau doch noch gemeistert hat. Teamarzt Dr. Lothar Heinrich war zufrieden, Ullrichs Puls nur einige Minuten nach der Belastung von über 180 auf unter 70 gesunken. Und dann klärte er noch die Fragen aller Fragen auf – Ullrichs Startgewicht bei der Tour: exakt 73 Kilo.

Der Speck ist weg, der alte Jan Ullrich wieder da. Das radelnde Dickerchen, wie er lange beschrieben wurde, das gibt es in Futuroscope nicht mehr. Jan hat es wieder geschafft, nicht zuletzt mit einer Diät von Lothar Heinrich, mit Willen und mit Trainingsdisziplin, die ihm sicher nicht leicht gefallen ist.

Im Schwarzwald und rund um Freiburg dürfte er mittlerweile jedes Schlagloch auf seinen Strecken kennen, er hat wie besessen vor der Tour Kilometer abgespult. „Mir persönlich“, sagt er, „muss ich nichts mehr beweisen. Aber ich wollte es allen zeigen, dass ich es wieder schaffen kann.“

Dabei hätte er es sich wirklich leichter machen können. Das weiß er auch selbst, aber Menschen, die in der Lage sind, Ausnahmeleistungen zu vollbringen, kann man auch nicht mit normalen Maßstäben messen. „Kennen Sie ein Genie, das nicht extrem ist?“, fragt Ullrichs Chef Godefroot und gibt gleich selbst die Antwort. „Es gibt keines.“ Jan Ullrich ist eben auch nur ein Mensch, ein normaler Twen, dem es nicht gelingt, jede Sekunde seines Lebens an den Sport zu denken. Radsporttraditionalisten, insbesondere in Frankreich, rümpfen darüber indigniert die Nase, finden das verwerflich, eines Champions nicht würdig. Ihm selbst ist das mittlerweile egal. Der Mann zieht sein Ding durch, mit stoischer Ruhe, die manchmal auch sein engstes Umfeld verzweifeln lässt. Andererseits – was ist schon erfolgreicher als der Erfolg?

Daniel Mangeas, der Sprecher der Tour de France, schlägt jedenfalls Rädchen, als er die Mannschaften der Tour 2000 in Futuroscope präsentiert. Wir sind in einem Freizeitpark in der Nähe von Poitiers. Chromglänzende Bauten mit futuristischer Architektur, Rundumkinos, Flugsimulatoren, Hightech-Ambiente und in der Mitte ein künstlicher See mit einer Insel. Über einen Steg fahren die Profis zur Vorstellung. Mangeas' Stimme überschlägt sich, wie immer, als das Team Telekom auf das Podest rollt. „Jan Ühlrick, Erik Sabähl“ – Mangeas brüllt, die beiden hören es kaum. Die letzten Tage vor der Tour sind nicht gerade angenehm. Ein ungeheurer Rummel, Untersuchungen, Pressetermine, letzte Vorbereitungen und dazu eine schwüle Hitze im Nordwesten Frankreichs. „Du kommst einfach nicht zur Ruhe“, klagt Erik in seinem Zimmer 246 im Plattenbau Mercure und Jan legt sich einen Tunnelblick zu, scheint unter einer unsichtbaren Glocke zu leben. „Ich muss mich konzentrieren“, sagt er.

Auch die anderen Favoriten fiebern dem Start entgegen. Drei Tage nur reden, ein wenig Training, immer begleitet von Objektiven – es ist ein langer Weg, ehe es über die Rampe in das erste Einzelzeitfahren geht. Jan sieht seine Gegner zum ersten Mal in diesem Jahr alle zusammen. Lance Armstrong, sagt er, „strahlt enormes Selbstbewusstsein aus.“ Der Amerikaner wiederum erklärt Jan zu seinem persönlichen Favoriten. Marco Pantani ist wieder dabei, eine Überraschung präsentiert das spanische Team Once. Laurent „Jaja“ Jalabert ist der Kapitän, Abraham Olano nur die Nummer zwei. Zum Auftakt vergibt die französische Sportzeitung L'Équipe noch Sternchen für die Favoriten. Für die Profis ist das auch ein erster Gradmesser. Und wer genannt wird, der fühlt sich geehrt, schließlich ist die L'Équipe die wichtigste Zeitung in Sachen Radsport. Das Urteil der Gazette: Fünf Sterne für Armstrong, vier für Pantani und Alex Zülle, drei für Jan und zwei für Olano. „Jaja“ Jalabert bekommt von seinen Landsleuten nur einen Stern. Genauso viel wie Laurent Dufaux, Richard Virenque, Bobby Julich, Fernando Escartin, Tyler Hamilton und der Amerikaner Jonathan Vaughters aus Julichs Mannschaft Crédit Agricole, was nun gar keiner versteht.

Aber all das ist am 1. Juli um 16.15 Uhr Makulatur – die Tour rollt. Auftakt mit einem Einzelzeitfahren über 16,5 Kilometer. Das ist gut doppelt so lang wie normal, weshalb es in diesem Jahr auch nicht Prolog, sondern erste Etappe heißt. Erik Zabel ist die Nomenklatur egal. Ihm geht es darum, die Beine zu testen, ein ordentliches Zeitfahren abzuliefern und nie Gefahr zu laufen, aus dem Zeitlimit zu fahren. Das gelingt ihm. Platz 90, 1:43 Minuten Rückstand auf den späteren Sieger David Millar. Ein respektabler Platz in der Mitte des Feldes. Genau genommen wäre es sogar exakt die Mitte gewesen. 180 Fahrer hätten in die Tour 2000 starten sollen, drei Profis wurden aber am Morgen ausgeschlossen, weil ihr Hämatokritwert über 50 Prozent lag. Das

Oben: Für jeden Sportlichen Leiter bedeutet es viel, wenn sein Team bei der Tour de France startet; natürlich auch für Rudy Pevenage, der mit Jan Ullrich und allen anderen 8 Fahrern des Team Telekom über den „Laufsteg" am künstlichen See in Futuroscope kommt. Da die 16,5 Kilometer am 1. Juli 2000 schon mehr waren als ein normaler Prolog, nämlich ein kurzes Einzelzeitfahren, waren die Spezialisten umso mehr im Vorteil. Allein am Fahrstil lässt sich erahnen, wer mit dem Kampf gegen die Uhr, „contre la montre" gut zurechtkommt und wer weniger; von links einige der stets als Favoriten auf den Toursieg oder mindestens eine sehr gute Platzierung gehandelten Fahrer: Jan Ullrich (D, Telekom), Marco Pantani (I, Mercatone Uno), Richard Virenque (F, Polti), Abraham Olano (ESP, Once) und Alex Zülle (CH, Banesto).

heißt – der Verdacht liegt nahe, dass sich die drei mit dem synthetischen Hormon Erythropoietin (Epo) gedopt haben. Und es zeigt, dass die Tour den Kampf gegen Betrüger ernst nimmt, zumal alle weiteren Urintests der kommenden drei Wochen eingelagert werden, um sie zu einem späteren Zeitpunkt direkt auf Epo zu untersuchen. Wer jetzt noch spritzt, spielt mit dem Feuer.

Erik ist diese Thematik egal, als er die 16,5 Kilometer rund um den Freizeitpark rast. Er ist immer schon für einen direkten Test eingetreten, heute will er seine Beine testen – und ist am Ende nicht zufrieden, aber das ist bei ihm normal, es sei denn, er gewinnt. „Es war mies wie immer“, sagt er, „ich hab nüscht drauf.“ Spricht's, wuchtet sein Velo über das Absperrgitter und radelt zurück zum Hotel.

Der Mann hat seinen Job getan. Jan Ullrich versucht derweil Ruhe zu finden, hat sich die Rolle im hintersten Winkel des mit Baustellenbändern abgesperrten Gevierts rund um das Telekom-Wohnmobil aufbauen lassen. Weg von Kameras und Mikrofonen, nur Edelfan Rudolf Scharping nähert sich. Jan sitzt auf einer nagelneuen Zeitfahrmaschine. Superleichte Carbonteile und lackierte Reifen sollen es ihm ein bisschen leichter machen. Fahren musst du aber letztlich immer selbst, doch Jan ist gut drauf. „Ich freue mich wirklich auf die Tour“, hat er am Morgen noch gesagt, „weißt du, wenn ich nichts in den Beinen hätte, dann würde ich mir jetzt ernste Sorgen machen, aber ich fühle mich gut.“ Und der Auftakt bestätigt ihn. Rang vier, von den Favoriten war nur Lance Armstrong (10 Sekunden) und Jalabert (1 Sekunde) schneller. Der Rest hat auf ihn verloren, Pantani gleich richtig. Eine Minute vor Jan war der „Pirat“ gestartet, nach nicht mal der Hälfte der 16,5 Kilometer rast Ullrich an ihm vorbei. „Das ist kein Maßstab“, sagt Jan im Ziel, „Marco lässt es immer locker angehen.“ Und dabei strahlt er – die Tour hat ihn wieder.

Oben: Diese 9 (von insgesamt 22 Fahrern) traten zur Tour de France für das Team Telekom an: Erik Zabel, Steffen Wesemann, Alexander Winokurow, Jens Heppner, Guiseppe Guerini, Gian-Matteo Fagnini, Alberto Elli, Udo Bölts und Jan Ullrich (von links).

Rechts: Der Spanier David Etxebarria stürzte bald, doch nach dem Tausch seines Fahrrads konnte er das Einzelzeitfahren – und tags drauf auch die Tour – fortsetzen. Seine Schulterverletzung sah schlimmer aus, als sie wirklich war.

Ganz rechts: Der exzellente Sprinter Marcel Wüst aus Köln erkämpfte sich am ersten Tag das Bergtrikot, raste hinauf zur einzigen Bergwertung, tauschte oben sein normales Rad gegen eine Zeitfahrmaschine, fuhr ins Ziel und behielt das gepunktete Leibchen drei Tage lang – kampflos, mangels weiterer Bergwertungen.

Rechts oben: Der 23-jährige Schotte David Millar überraschte als Sieger der ersten Etappe die Favoriten, zwang mit dem Gelben Trikot aber seine Mannschaft auf den folgenden Teilstücken zu vermehrter Arbeit.

COFIDIS
COFIDIS

ONCE
GIANT

Biemme
FESTINA

Die Menschen dahinter

Hinter jedem erfolgreichen Mann steht meistens eine starke Frau – alte Lebensregel. Bei Radprofis darf es auch noch ein bisschen mehr sein. Hinter jedem Gewinner steht eine Mannschaft, die sich bedingungslos und teilweise bis zur Selbstverleugnung für die Chefs den Hintern aufreißt. Ohne Hilfe gewinnt kein Mensch die Tour de France, ohne selbstlose Kollegen, die sich bis knapp an die Kotzgrenze vor das Feld spannen, kommt kein Sprinter in eine gute Position fürs Finale.

Aber es gehören noch mehr Leute zum Erfolg. Neben den Helfern im Team müssen die Stars eingebettet sein in ein Umfeld, in dem sie sich wohl fühlen und das ihnen Arbeit und Last abnimmt – sonst wird es nichts. Jan Ullrich ist zum Beispiel einer, der sich selbst als „eher trainingsfaul" einschätzt. Kurzum – der Mann braucht Antrieb. Dafür sorgt Peter Becker. Der Berliner trainiert Ullrich mit kurzen Unterbrechungen seit dessen zwölftem Lebensjahr. Becker macht nicht gerne Kompromisse. Er treibt Ullrich auch dann aufs Rad, wenn es regnet oder sein Paradeschützling wegen Kälte ein langes Gesicht macht. Becker gilt als harter Hund, aber auch als väterlicher Freund. Als Ullrich mit zwölf seine Mutter in Rostock verließ, um in Berlin zu trainieren, wurde Becker seine erste Bezugsperson. „Kaum einer kennt mich so gut wie er", sagt Ullrich heute, der sich allerdings sportlich auch von den Telekom-Sportchefs Walter Godefroot und Rudy Pevenage beraten lässt. Eine Zeit lang war Becker eine Art Vaterersatz. Ullrich wuchs die meiste Zeit ohne Vater auf, der sich von seiner Mutter getrennt hatte. „Heute suche ich keinen Kontakt mehr zu ihm", sagt Ullrich.

Dafür umso mehr mit seiner Lebensgefährtin Gaby Weiß. Jan ist seit November 1994 mit der Winzerstochter aus Merdingen zusammen, die beiden bauen gerade ein Haus, natürlich auch in Merdingen. Die Bundeswehrangestellte ist ein ähnlich ruhiger Typ wie Jan. Samstagabend mal ins Kino oder zum Italiener – das ganz normale Twenprogramm. „Meine Freundin ist mein Hobby", setzt Jan Prioritäten. Wobei ihm das Hobby nicht immer leicht gemacht wird. Während der Rennsaison haben die beiden nicht viel Zeit füreinander. Jan ist höchstens 100 Tage im Jahr zu Hause, aber die genießt er: „Gabi", sagt er, „ist das Beste, was mir passieren konnte."

Dass seine Termine nicht zu viel werden, dafür sorgt sein Berater Wolfgang Strohband. Der Besitzer eines Autohauses aus Hamburg managt Ullrich seit 1991. Jan kämpfte damals als Amateur bei der Radsport-Gemeinschaft Hamburg, deren Chef hieß Wolfgang Strohband. Der erkannte früh das außergewöhnliche Talent und nahm den jungen Mann unter seine Fittiche. Heute verhandelt Hobbyradler Strohband die Sponsorenverträge, koordiniert den engen Terminkalender und versucht so gut es geht, Jan den Rücken freizuhalten. Das ist zunehmend Herkulesarbeit, so etwa fünf Anfragen am Tag landen auf seinem Schreibtisch. Erfüllen kann er nicht mal einen Wunsch. Ruhe findet Ullrich bei seinem Physiotherapeuten Dieter „Eule" Ruthenberg. Der Mann lockert bei der Tour Ullrich und auch Erik Zabel die Muskeln und manchmal auch die Seele. „Eule" ist so etwas wie der gute Geist des Teams und er würde sich eher die Zunge abbeißen, bevor er auch nur ein einziges privates Wort seiner Klienten preisgeben würde. Eule schweigt, hört zu und knetet, wobei Jan für ihn ein ganz einfacher Kunde ist. „Nach zehn Minuten schläft er meistens ein", sagt er einstige Verkehrspolizist und Masseur der DDR-Rudernationalmannschaft.

Erik hat keinen Trainer und auch keinen Manager. „Ich fahr Rad, den Rest macht meine Frau", sagt er mit einem Lächeln. Und wie er Rad fährt, wie er sich in Form bringt, dafür sorgt er weitgehend selbst. Erik hat schon als Schüler Selbstständigkeit bewiesen, am Ende als Einziger einer Sportleistungsklasse das Abitur gebaut. Er denkt viel über sein Training nach, feilt an Trainingsplänen und Strategien herum. In diesem Jahr hat er sich bei seinem Telekom-Sportchef Rudy Pevenage Rat geholt, da seine Saison nach der Tour noch lange nicht zu Ende ist. Die Olympischen Spiele in Sydney locken, ein dritter Höhepunkt nach seinem Superfrühjahr und der Tour de France. Das ist Neuland für ihn.

Um alle anderen Dinge kümmert sich seine Frau Cordula. Erik Zabel ist ein

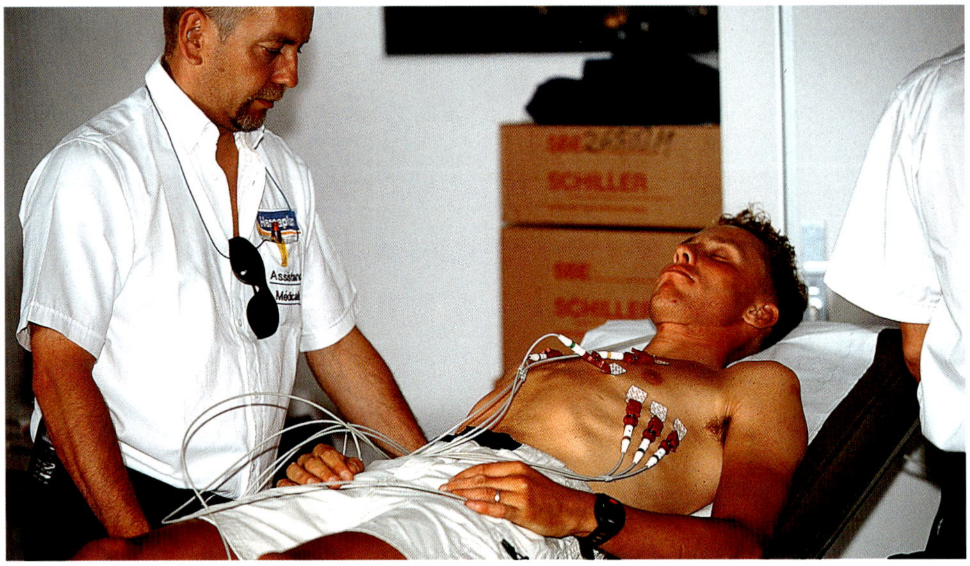

Familienmensch, er genießt es, sich nach Hause zurückziehen zu können und er braucht auch kein großes Umfeld, um seinen Job machen zu können. Wie gesagt – hinter einem erfolgreichen Mann steht meistens eine starke Frau.

Zur Betreuung des Rennens und der Fahrer gehören neben der medizinischen Seite – links der Niederländer Michael Boogerd bei der Untersuchung vor der Tour – unbedingt eine wirkungsvolle Absperrung mit Hilfe vieler Polizisten und geregelte Rennverpflegung. Die Fahrer nehmen die ihnen gereichten Beutel bei leicht abgebremster Fahrt an sich, was danach zur Seite fliegt, ist ein Fall für Souvenirjäger.

LAZER
LATEXCO
MAPEI
QUICK-STEP

Die Tour im Flachen

Flach ist nicht gleich einfach. Zu viele wollen eine dieser acht bis zehn Etappen gewinnen oder sich von der besten Seite zeigen. So gestalten sich diese Tagesstrecken meist zu einer ausgeprägten Hatz voller Unwägbarkeiten: häufige Ausreißversuche Einzelner oder kleiner Gruppen, die ab und zu einen deutlichen Vorsprung erzielen können. Und jeden Tag mehrere Sprintwertungen fürs Grüne Trikot.

Es riecht nach Massageöl, überall duftet es nach frischem Kaffee und warmen Croissants. Der Tag ist noch jung, die Straßen dampfen und glänzen vom Wasser, das die Männer der Stadtreinigung kurz nach Sonnenaufgang auf den Marktplatz gespritzt haben. Unter den alten Bäumen ist es noch angenehm kühl, aber es wird ein heißer Tag werden. Das französische Wetteramt hat auf Papier gedruckte Prognosen verteilt, die für den Nachmittag 35 Grad im Schatten prophezeien – wenn es überhaupt einen Schatten geben wird. Daniel Mangeas ist trotzdem in Hochform. Die Stimme der Tour, der Speaker, wie er zum Grauen aller traditionsbewussten Franzosen genannt wird, unterhält die Gäste, die sich zum Start der heutigen Etappe im Village Départ versammelt haben. Alle Profis müssen zur Einschreibung mit ihren Radschuhen über ein erhöhtes Podest staksen, wie Models auf einem Laufsteg, nur nicht ganz so grazil. Oben empfängt sie Mangeas mit seinem typischen Überschwang, begrüßt sie in einem Stakkato, das normale Stimmen nach zwei Minuten heiser werden ließe. Aber er ist das gewöhnt, Mangeas gehört zur Tour, wie die L'Équipe oder das tägliche Verkehrschaos. Jetzt wird er wieder lauter. „Eh voilà, Erick Sabähl!"

Der Belgier Tom Steels (links) ist seit Jahren eine der auffälligsten Gestalten im Peloton, wenn bei Flachetappen im Finale alle Kräfte auf die Pedale gewuchtet werden. Er konnte die 2. und 3. Etappe für sich entscheiden, bei der Zielankunft am 3. Juli in Nantes durfte er deshalb bereits in Grün jubeln.
Die nächste Doppelseite zeigt den Moment, unmittelbar bevor die Supersprinter mit Tempo 60 (wenn es leicht ansteigt) bis manchmal über 80 über den Zielstrich rasen.

Erik lächelt freundlich, schreibt seinen Namen, winkt kurz den applaudierenden Honoratioren im VIP-Bereich zu, die ihren Kreislauf mit einem Glas Champagner ankurbeln und dazu in den neuesten Zeitungen blättern, die wieder seitenweise von der Tour berichten. Erik Zabel hätte überhaupt nichts dagegen, am nächsten Morgen selbst auf dem Titel zu sein. Deshalb lässt er sich in seiner Konzentration von dem ganzen Rummel nicht stören. Er ist zwar präsent, sein Blick geht aber durch die vielen Menschen um ihn herum hindurch. Heute ist wieder ein Tag für ihn, die Tour rollt flach, eine Massenankunft ist wahrscheinlich. Das Terrain der Sprinter, kurzum: ein Tag für Erik Zabel.

Flach, das klingt nach einfach, ein bisschen nach Spazierfahrt übers sommerliche Land. Aber man soll sich da nicht täuschen. Bei der Tour de France ist nichts einfach. Meistens ist es heiß, Gegenwind macht das Leben schwer, aber vor allem – es wird Tempo gefahren. Es ist noch nicht so lange her, da haben sich die Chefs der Mannschaften morgens auf ein Stillhalteabkommen verständigt. Die ersten 100 Kilometer piano, dann ist Rennen. Oder: Alles bleibt zusammen, bis eine Stunde vor dem Ziel. Und dann Feuer frei. Das galt sogar noch in den Zeiten eines Bernard Hinault. Seit Mitte der 80er Jahre ist aber definitiv Schluss mit der Bummelei bei der Tour.

Ruhige Etappen gibt es nur noch in Ausnahmefällen, wie am Tag nach dem Todessturz von Fabio Casartelli 1995 in den Pyrenäen oder der Protestetappe 1998 nach Aix-les-Bains, bei der die Profis auf die ihrer Meinung nach zu harte Behandlung während der Dopingaffären durch die französische Polizei protestierten. Aber das war es dann auch schon. Die Tour de France ist mittlerweile das Rennen mit der meisten Öffentlichkeit, die Geld- und Namensgeber der Mannschaften wollen bei der Tour unbedingt Erfolge sehen. Und für einen Profi ist ein Etappensieg so gut wie eine Garantie für einen Vertrag in der kommenden Saison. Also wird bei der Tour immer volle Kanne gefahren. Nach dem Start rollt das Feld zwar noch gemütlich aus dem Etappenort, aber wenn dann das Ende der neutralisierten Zone erreicht ist, geht es los. „Selbst wenn 180 Fahrer an einem Tag piano fahren wollen, gibt es immer noch zehn, die ihre Chance suchen", erklärt Erik. Und dann geht das Tempo eben hoch. Schnitte weit über 40 Stundenkilometer sind ganz normal bei der Tour.

Für ihn heißt das hellwach und konzentriert sein. Er muss darauf achten, bei den Zwischensprints Punkte zu sammeln und am Ende, wenn es zu einer Massenankunft kommt, mit seinen Helfern in einer günstigen Position zu sein. „Manchmal", erzählt Erik, „manchmal merke ich schon am Start – heute wird es für die anderen extrem schwer, mich zu schlagen. Das Rennen läuft dann nur noch wie ein Film ab – mit Happy End. Aber dieses Gefühl habe ich vielleicht zweimal im Jahr." Ansonsten müssen er und das Team versuchen, die Renntaktik umzusetzen. Theoretisch klingt das einfach: 20 Kilometer vor dem Ziel will sich Erik an der Spitze des Feldes zeigen, etwa zehn Kilometer vor dem Ende hält die Mannschaft das Tempo so hoch, dass keine Ausreißer mehr wegspringen können. Auf den letzten zwei Kilometern wird dann so brachial gefahren, dass niemand mehr eine Chance hat, an die Spitze zu kommen. Auch nicht mit letzter Energie. Auf den letzten 200 Metern muss Ete

FIAT

die Chauffeure der Begleitwagen haben manchmal Mühe, ihre Autos in der Spur zu halten.
Der Anstieg im Sturm ist für Gian-Matteo Fagnini zu viel. Der Helfer von Erik Zabel muss abreißen lassen, Telekom-Sportchef Rudy Pevenage funkt Jan Ullrich ins Ohr, ein klein bisschen Tempo rauszunehmen, um nicht noch mehr Fahrer zu verlieren. Jan übernimmt die Verantwortung. „Die letzten zehn Kilometer sind dann hauptsächlich Steffen Wesemann und ich an der Spitze gefahren", sagt er, „es war schon eine komische Situation, wir wollten uns nicht völlig kaputtmachen, aber auch nicht zu viel Zeit verlieren." Sie haben ihn hingekriegt, den Spagat zwischen maximalem Erfolg und größtmöglicher Schonung. Als sie nach 1.27:01 Stunden über den Zielstrich fliegen, ist klar, dass nur noch Once und US Postal schneller sein können. Und die beiden schaffen es auch. Die Spanier gewinnen überlegen, „Jaja" Jalabert übernimmt das Gelbe Trikot, Armstrongs Team kommt 46 Sekunden dahinter und der Amerikaner rückt auf Rang drei der Gesamtwertung vor.
Jan Ullrich hat von allen Favoriten das Mannschaftszeitfahren als Viertbester hinter Jalabert, Olano und Armstrong überstanden. „Damit kann ich wirklich zufrieden sein", sagt er im Ziel. Kann er wirklich: Der Wind hat viele richtig zerzaust, das Mannschaftszeitfahren schon vor den Bergen das Feld sauber sortiert. Am härtesten erwischt es Fernando Escartin. Sein Kelme-Team, überwiegend leichtgewichtige Bergspezialisten, wird regelrecht verblasen. Der hagere Spanier verliert über fünf Minuten und verschwindet mit versteinerter Miene ins Hotel. „Dass es so krass werden würde, damit konnte nun wirklich keiner rechnen", sagt Jan, der damit auch den Rückstand einiger anderer Favoriten meint. Richard Virenques Polti-Team wird mächtig gerupft – 4:39 Minuten Rückstand für den Franzosen, der so gerne einmal die Tour gewinnen würde. Mercatone Uno mit Marco Pantani kommt mit Strecke und Wind nicht klar (3:34 Min. Rückstand), am meisten wundern sich die Experten aber über das Banesto-Team um Alex Zülle. Der Schweizer fängt sich fast viereinhalb Minuten Rückstand ein – ein brutaler Dämpfer für den Vier-Sterne-Favoriten der L'Équipe.
An diesem Abend haben sich nur wenige zufrieden auf den Weg nach Vannes zum nächsten Startort gemacht. Das Mannschaftszeitfahren hat das Feld sortiert – damit war zu rechnen. Aber es kam heftiger als gedacht, wenn auch nicht für das Team Telekom. „Ich könnte trotzdem auf diesen Wettbewerb verzichten", sagt Erik Zabel. Da dürfte er nicht der Einzige sein.

Beim Team Telekom führten gegen Ende der langen Distanz vor allem Steffen Wesemann (ganz rechts) und Jan Ullrich, die besten Zeitfahrer in der 9-köpfigen Mannschaft.

Tour 2000 – Zabels „komische Woche"

Fast 1500 Kilometer muss sich Erik Zabel im Sattel quälen, bis er endlich „sein Lachen wiedergefunden" hat, wie er sagt. Am Ende der ersten Woche hat er es also endlich auf seinen Schultern, das Grüne Trikot des besten Sprinters der Tour. Sozusagen im allerletzten Moment vor den Bergen, erobert auf der neunten Etappe mit einem fünften Platz auf den 181 Kilometern von Limoges nach Dax nahe dem Atlantik. Und als er es sich überstreift, tauchen am Horizont schon die ersten Gipfel der Pyrenäen auf. Happy End am Tag vor dem zweiten Start der Tour 2000, vor dem Beginn der Leidenszeit bergauf.

Ein hart erkämpfter Schluss des ersten Akts für Erik, der eine verdammt unangenehme Woche hinter sich hat. Der Mann ist ein Perfektionist, einer, der täglich an sich arbeitet und eigentlich ganz selten mal richtig mit sich zufrieden ist. Und so kam er auch schon mit leichten Zweifeln zur Tour nach Futuroscope. Anfang Juni hat er sich bei der Luxemburg-Rundfahrt ziemlich verausgabt, hat sich oft vor das Feld gespannt, um mitzuhelfen, dass Alberto Elli die Gesamtwertung gewinnen kann. Vier Tage immer an der Spitze – „danach hatte ich den Eindruck, dass ich dafür wohl meinen Preis bezahlen muss", sagt er. Es hat ihm auch nicht gepasst, dass Mario Cipollini die Tour absagen musste und dass die Organisatoren das Lampre-Team mit Sprinter Jan Svorada nicht eingeladen haben. „Damit war klar, viele Massensprints wird es nicht geben. Saeco und Lampre hätten immer geholfen, das Feld zusammenzuhalten und Gruppen zurückzuholen", erklärt Erik. Lampre war nicht da, Saeco ohne richtigen Sprinter, also blieb die Arbeit hauptsächlich an Mapei (für Tom Steels), Festina (für Marcel Wüst) und eben bei Telekom hängen, wobei die T-Profis außer Gian-Matteo Fagnini nur mit gebremstem Engagement für Erik fahren konnten, schließlich durfte sich das Team nicht schon vor den Bergen völlig auspowern. Denn da gilt es dann, Jan Ullrich zu helfen.

Kein leichter Job für die Mannschaft, eigentlich ein Ding, das gar nicht geht. Sieben Helfer, zwei Chefs, ein Team, zwei Ziele – den Luxus leistet sich keine andere Equipe im Profizirkus. „Weil es eigentlich auch gar nicht geht", sagt Teamsprecher Olaf Ludwig in Futuroscope kurz vor dem Start, „aber wir machen das ja nicht zum ersten Mal – und wir sind es den beiden schuldig. Erik und Jan." Klar ist allerdings, dass Ullrichs Ziel Priorität hat. Gelb vor Grün – das weiß auch Erik Zabel, der sich in Futuroscope auf eine „komische Woche" einstellt. Hätte er da schon gewusst, wie es für ihn bis zum Ende der neunten Etappe laufen würde, hätte er eher von einer „brutalen" Woche gesprochen.

2. Juli, der Auftakt, 194 Kilometer von Futuroscope nach Loudun. Erik ist froh, dass es endlich läuft. Es ist schwül, das Tempo normal, obwohl die Franzosen und Italiener nicht bummeln wollen. Heute Abend ist das EM-Finale und da wollen sie um acht Uhr massiert und mit frisch gefüllten Kohlehydratspeichern im

Die Familie stärkte Erik Zabel den Rücken, auch als er anfangs mit seinen Leistungen nicht ganz zufrieden war. Fast jedes Jahr darf er am 7. Juli, seinem Geburtstag, bei der Tour de France hart arbeiten, wie dieses Mal auf 205,5 Kilometern zwischen Tours und Limoges.
Nächste Doppelseite: Selbst wenn die Sprinter sich die ganze Zeit im Feld versteckt haben, zum Schluss erwarten alle von ihnen den Etappensieg. Bei der am 2. Juli stritten sich Stuart O'Grady (ganz links, Crédit Agricole), Erik Zabel, Tom Steels (Mitte, Mapei) und einige andere Fahrer darum; Steels behielt hier in Loudon die Oberhand.

Hotel vor dem Fernseher sitzen. Für Erik läuft es gut, er ist mit seinem Helfer Fagnini sauber in Position, die beiden rauschen vorne im Feld Richtung Finale. 900 Meter vor dem Ziel verliert Zabel nach einem Rempler kurz „Fagnos" Hinterrad. Ein kleines Loch geht auf, Zabel muss jetzt schon alles geben, um noch einmal ranzukommen. Dann raus in den Wind, ein bisschen zu früh, aber es sieht gut aus. Doch dann kommt Tom Steels, zieht aus Zabels Windschatten unwiderstehlich vorbei und gewinnt, Erik wird Dritter hinter O'Grady. Kein Grund

FIAT
CREDIT
LYONNAIS
CREDIT
LYONNAIS

CREDIT
LOOK
Nalini

zur Panik, so was passiert. C'est la vie. Ab ins Hotel und dann „Allez les bleus" oder „Forza Italia" – je nachdem.

Einen Tag später, eine kurze Etappe über 161,5 Kilometer nach Nantes. Wieder Massensprint. Diesmal klemmt sich Erik an Steels Hinterrad, kommt aber nicht vorbei. Marcel Wüst schiebt sich noch nach vorne, wieder Rang drei für Sprinter Zabel. Und langsam sinkt seine Laune. Erik weiß, was er kann. Er kam mit 15 Saisonsiegen zur Tour, er ist der Führende im Weltcup, hat zwei Klassiker gewonnen und jetzt, wo ganz Deutschland vor dem Fernseher sitzt, fehlt der allerletzte Druck. So was ist verdammt ärgerlich. Bei der Deutschland-Tour hat er Marcel Wüst bei vier Vergleichen noch dreimal kontrolliert. Und nun fehlt Erik der letzte Zacken. „Himmel noch mal", sagt er, „ich bin hierher gekommen, um allen zu zeigen, dass ich nach meinem starken Frühjahr auch noch bei der Tour ganz vorne landen kann. Jetzt bin ich zwar gut dabei, aber das letzte Stück fehlt." Und so etwas quält Erik, „der wird erst zufrieden sein, wenn er seine Etappe hat", sagt auch Jan Ullrich.

Das klappt aber auch bei der nächsten Etappe nach dem Mannschaftszeitfahren nicht. Tom Steels wird schwächer, aber in Vitré schiebt sich nach 202 Kilometern Wüst an Erik vorbei. Diesmal Platz zwei für den Berliner – doch die Zweifel nagen immer stärker an ihm, Erik ist, auf gut Deutsch gesagt, sauer, aber auch froh, dass wenigstens seine Familie da ist. Cordula und Rick begleiten den Mann und Papa und lenken ihn etwas ab. Wer ihm jetzt sagt, es sei doch alles gut, er vorne dabei, bekommt nur ein müdes Lächeln. Zabel weiß, dass im Radsport der Zweite der erste Verlierer ist und

***Links:** Nicht nur Sprints prägten die Etappen der ersten Tour-Woche im flachen bis hügeligen Westen Frankreichs. Dreimal hat es Jens Voigt, der in Frankreich „aufgeblühte" Deutsche, versucht wegzukommen – stets vergeblich.*
***Oben:** Auch im Ziel der 5. Etappe über 202 Kilometer nach Vitré konnte sich Marcel Wüst noch knapp vor Erik Zabel behaupten.*

diese Gedanken wird er auch nicht so schnell los. Er will „seine" Etappe, kann aber nicht auf die bedingungslose Unterstützung von Telekom bauen und sie auch nicht energisch fordern, dazu hätte er zuvor die Sprints klar dominieren müssen.

Am nächsten Tag schafft erstmals eine Gruppe die Flucht und bei Telekom reiben sie sich die Augen. Alberto Elli hat das Gelbe Trikot, der 36-jährige Helfer war zur rechten Zeit in der rechten Gruppe und es gibt keinen im Team, der dem Oldie bei seiner elften Tour den Erfolg nicht gönnt. Im Gegenteil – „mich freut es besonders für Alberto, der Mann ist 100 Prozent Profi, immer zur Stelle, wir werden das Trikot zwar nicht mit letzter Kraft verteidigen, aber das ist toll für uns", sagt Jan Ullrich. Auch Erik freut sich und dieser sechste Juli markiert auch für ihn so etwas wie eine Wende. Einen Tag vor seinem 30. Geburtstag lässt er Menschen an sich heran, die ihm Mut machen. Jens Voigt, der einen Tag zuvor nach einer langen Flucht läppische 400 Meter vor dem Ziel abgefangen wurde, haut Erik auf die Schultern. „Junge, lass' den Kopf nicht hängen, was soll ich denn erst sagen? Und du bist immer noch vorne dabei." Alberto Elli muntert ihn auf. „Ich bin 36 Jahre alt und im Gelben Trikot, das ist doch Klasse." Erik Zabel nimmt es an. „Ich habe mich am Anfang irgendwie runterziehen lassen, aber dann war der Punkt erreicht, wo ich mir gesagt habe: Ich hänge jetzt nicht mehr den Miesepeter raus."

Das hätte sich auch nicht so gut gemacht am 30. Geburtstag. Siebter Juli in Tours: Schon am Morgen musste er das Handy ausschalten, so viele wollten ihm gratulieren. Im Village Départ gab es Kuchen und Küsschen von der Familie, eine Flasche Schampus vom Team, allerdings für später. „30 ist schon ein komisches Datum", sagt Zabel, „da wird dir schon klar, dass es nicht ewig im Sport so weitergehen kann. Ich bin eben einfach kein junger Hüpfer mehr, damit muss ich mich abfinden." An diesem Abend schlüpft Marcel Wüst ins Grüne Trikot. Der Kölner ist immerhin schon 32 Jahre alt und vielleicht hat das Erik wieder vollends mit sich ins Reine kommen lassen.

Auf alle Fälle wird er lockerer, was auch damit zusammenhängt, dass er mehr und mehr die Oberhand bei den Sprintern gewinnt. Tom Steels scheint sein Pulver bei seinen zwei Erfolgen verschossen zu haben. Der Mapei-Profi taucht plötzlich nicht mehr auf, nicht mehr bei

den Sprints während der Etappe und im Finale schon gar nicht. Marcel Wüst hat es im Hals. Er ist erkältet, und als sich in Dax das Feld zum Sprint um Platz fünf sortiert, geht dem Sunnyboy von Festina erstmals die Kraft aus. Am Ende der ersten Woche hat Erik Zabel das Grüne Trikot und damit auch manifestiert, dass er der Konstanteste der schnellen Männer ist. Nur die Etappe, der erste Sieg seit 1997 – die fehlt ihm immer noch. „Ich bin mir ganz sicher, dass er sie noch hinter den Bergen holt, weil er an den Pässen von den Sprintern am wenigsten Substanz verliert", sagt Jan Ullrich.

Jetzt soll erst einmal seine Zeit kommen. Jan kann sehr zufrieden sein mit der ersten Woche. Er liegt gut, von den Kandidaten für den Gesamtsieg ist nur Lance Armstrong vor ihm. Aber alles was bis jetzt war, zählt nicht mehr. Die Berge stehen auf dem Programm, nach knapp 1500 Kilometern wird es jetzt für ihn richtig ernst werden. „Für mich ist es eben die Frage: Wie komme ich den ersten richtigen Berg hoch", sagt Jan vor der Etappe nach Lourdes-Hautacam. Alles bisher – schön und gut. „Aber die kleinen Berge sind wir fast immer mit dem großen Blatt hochgefahren. Die waren kein Gradmesser", sagt er. Der Wetterbericht für den nächsten Tag gefällt ihm überhaupt nicht. Regen, auf dem Aubisque in 1700 Meter Höhe eventuell sogar Schnee. Erinnerungen werden wach an den Regentag 1998, wo er am Galibier und hinauf nach Les Deux Alpes die Tour verloren hat. Aber am Wetter kann er nichts ändern. Und seine Form, die hat er, wenn sie auch nicht mehr besser geworden ist in der ersten Woche. „Es ist nicht so", sagt er, „dass dir in den Flachetappen die Kraft in die Beine schießt. Das hier ist die Tour de France, die geht immer ein wenig an die Substanz – auch ohne Berge."

Und jetzt geht die Tour erst richtig los. Mit Pässen – und mit Regen und Kälte in den Pyrenäen. Hilfe kann keiner der Favoriten mehr erwarten.

Nach der 6. Etappe, als Alberto Elli mit einer großen Ausreißergruppe in Gelb fuhr, hieß es für Telekom: Arbeit, Elli so lange wie möglich schützen (ganz oben und rechts unten). Auch auf der 7. Etappe, die – zur großen Erleichterung der Franzosen – endlich einmal ein Landsmann gewann: Christophe Agnolutto, nach langer Solofahrt (oben).

63
Team Telekom

Zwei unverhoffte Ehrentrikotträger (rechts): Alberto Elli in Gelb, für gut drei Tage bis zum Fuß der Pyrenäen, hier im Gespräch mit Paolo Bettini, der das Bergtrikot wenige Tage trug. Entrissen hat es ihm der Niederländer Erik Dekker, als er mit einem beherzten Vorstoß gegen Ende der 8. Etappe sich einen Solo-Sieg sichern konnte. Bettini gewann dann tags drauf – aber auch Erik Zabel, der zum Schluss der 9. Etappe Marcel Wüst das Grüne Trikot abjagte (oben), zählte zu den Gewinnern.

FESTIVAL SEMAINES MUSICALES DE TOURS
2000 LE TOUR DE FRANCE
CREDIT LYONNAIS
Radio & TV
D1
T
Coca-Cola
63

Der ganz normale Wahnsinn ...

Die Etappe ist gerade mal seit zwei Minuten vorbei und schon herrscht ein Chaos, als ob Bill Gates sein Vermögen in 1000-Dollar-Scheinen unters Volk bringen würde. Bar und gleich hier. Menschen wuseln durcheinander, alle wollen irgendwo hin, die wenigsten aber in die gleiche Richtung. Radprofis schlängeln sich fluchend durch die Galerie der Fans, suchen die Autos ihrer Teams, die sie ins Hotel bringen sollen, die Betonung liegt auf sollen. Wer noch ein bisschen Kraft hat, fährt aber lieber selbst mit dem Rad in die Herberge – das geht schneller, meistens wenigstens. Überall versuchen sich hupende Autos einen Weg zu bahnen, was bei dem Stau völlig sinnlos ist und über der ganzen Szenerie dröhnt der Rotor eines Hubschraubers. Die Tour de France ist wieder mal in einen Etappenort eingefallen und stürzt die Stadt stundenlang in ein gewaltiges Chaos, getreu dem Motto: je kleiner der Ort, desto größer der Stress.

Eine Etappe der Tour de France beginnt eine Minute nach dem Ende der vorhergegangenen. Hastig wird abgebaut, Helfer werfen Absperrgitter auf Lastwagen, Fernsehkabel der über 50 zugelassenen Sender werden aufgerollt, dazwischen stolpern die Fans auf der Suche nach einem Autogramm oder dem Weg aus dem Chaos. Ehrentribünen werden auseinander geschraubt, VIP-Zelte eilig gefaltet. Kurz danach rollt bereits die Tour vor der Tour. Saisonarbeiter, meist Studenten, die sich in den drei Wochen Tour ein Semester finanzieren, fahren in langen Konvois vorneweg ins Ziel des nächsten Tages. In vielen Autos sieht es aus, als sei aus Versehen ein Mülleimer durchs offene Fenster hinein gekippt worden. Leere Zigarettenschachteln, Coladosen, Hamburgerkartons – und das in Frankreich.

Einige Stunden später folgt dann der nächste Schub. Jeden Abend wird ein Pressezentrum für 800 Journalisten und 120 Fotografen abgebaut, verfrachtet und später wieder aufgebaut. Meist wird eine Turnhalle zum Medienarbeitsplatz umfunktioniert, es darf aber auch schon mal der Rathaussaal sein oder zur Not auch ein Flugzeughangar. Und für den Fall, dass ein Ort überhaupt keine Räumlichkeiten bieten kann, hat die Organisation ein riesiges Zelt parat.

Die 180 Profis, die Hauptdarsteller der Tour, sind bei weitem in der Unterzahl. Gut 3000 Menschen arbeiten permanent um das Spektakel, dazu kommen jeden Tag noch einmal rund 1500 lokale Helfer, Ordner und Streckenposten. Knapp 1500 offizielle Autos und Motorräder rasen vor und hinter dem Feld über die abgesperrten Straßen, die Profis radeln irgendwo in der Mitte. Wer vorne fährt, der hat dauernd die Nase in irgendeinem Auspuff. Und so kommen sie dann jeden Tag in eine andere Stadt.

Für die Bürger bedeutet das: Staus auf den Straßen, Staus auf den Gehwegen, Zeltlagerstimmung im Stadtpark, keinen Platz mehr in der Kneipe und Trubel bis weit nach Mitternacht. Die Helfer und Fahrer der Werbekolonne müssen erst am nächsten Morgen vor dem Feld fahren und ihre Werbebotschaften über Banken, Lakritze, Kaffee, Büchsenbohnen und Schnupfensprays unters Volk bringen. Jetzt haben sie erst einmal Pause.

Nach 7 Stunden mit Tempo 40 in brütender Hitze, ausgedörrt und gequält von unentwegt quäkenden Lautsprechern, spülen die Fahrer der „caravane publicitaire“ ihren großen Tour-Durst in einem der Bistros runter. Im Städtchen lärmt's und drückt's wie auf dem Oktoberfest. Trotzdem bewerben sich viele Orte gerne um die Ehre, Etappenort der Tour de France zu werden. Für etwa 350 000 Mark an die Société gibt es dann Fernsehwerbung satt. Die schreibende Presse wird mit Informationsmaterial überhäuft, damit die Vorzüge der Gegend gebührend in alle Welt reportiert werden.

Weniger gut geht das Rennen mit seinen Akteuren um. Während der Tross entweder schon weitergezogen ist oder noch feiert, liegen die Profis schon im Bett, was bei der Tour aber nicht immer Erholung bedeutet. Die Zahl ordentlicher Herbergen ist in kleineren Etappenorten begrenzt. Die durchschnittliche Qualität so, dass jeder mittelmäßige Tennisprofi empört das Weite suchen würde. Die Direktoren der Tour schlafen dagegen immer im ersten Haus am Platz – auch eine Tradition der Tour und zwar eine mit Bestand.

Die Tour ist oft Hektik pur – Anarchie aber nie. Im Gegenteil: der Umgang untereinander ist in 30 Artikeln eines Regelwerks detailliert aufgeschrieben. Die Tour hat auch ihr Gesetz, und wer es bricht, der muss zahlen oder kann nach Hause fahren. Wer sich zum Beispiel auf den ersten 50 Kilometern etwas zu Essen reichen läßt, löhnt 200 Francs. Widerspenstigkeit gegen Offizielle kostet zwischen 50 und 1000 Francs, der Ausschluss von der Tour ist möglich. Pinkeln unter den Augen von Zuschauern kostet übrigens 150 Francs. Geregelt ist im Prinzip alles, von der Anzahl der Teilnehmer (Artikel 1) bis hin zu Ausschlusskriterien (Artikel 29).

Aber wenn die Rennfahrer im Ziel sind, dann sind die Regeln außer Kraft – sieht man mal vom Prozedere der Siegerehrung und der Dopingkontrolle ab. Wenn alles vorbei ist, mischen sich Rennfahrer und Fans, Begleiter und Betreuer, Offizielle und Zuschauer. Alles wuselt durcheinander und für einige Zeit glaubt kein Mensch, dass das Chaos jemals enden könnte. Aber spätestens am nächsten Morgen ist alles vorbei. Die Tour zieht weiter.

SPIEGEL-GESPRÄCH

„Hundsgewöhnliche Proletarier“

Der Philosoph und Hobbyfahrer Peter Sloterdijk über den Zauber der Tour de France, die Profanität des Dopings und die zerstörerische Kraft dänischer Nihilisten

SPIEGEL: Herr Sloterdijk, Sie haben vor zwei Jahren den Mont Ventoux mit dem Rad erklommen, einen der mythischen Berge der Tour de France und 1900 Meter hoch. Warum?

Sloterdijk: Vielleicht um zu beweisen, dass Herren um die 60 noch nicht ganz zum alten Eisen gerechnet werden müssen. Die Beweisnot war akut: Man ist ja mit einem intuitiven Bild seiner Gesamtlebensspanne ausgestattet, und trotz des angeborenen Leichtsinns, der uns hilft, die ablaufende Zeit nicht immer wahrzunehmen, gibt es Zäsuren, an denen man meint zu spüren, wie es im freien Fall dahingeht. 60 zu werden ist so eine Zäsur.

SPIEGEL: Und waren Sie gedopt?

Sloterdijk: Keine Spur, mein holländischer Freund und ich haben uns so viel Zeit gelassen, dass der sportliche Wert des Unternehmens nicht übertrieben hoch zu veranschlagen war, viel niedriger jedenfalls als bei Sportlern, die immer am Limit und ohne Absteigen hochfahren.

SPIEGEL: Wie lange haben Sie gebraucht?

Sloterdijk: So um die zweieinhalb Stunden. Man muss wissen, dass der Mont Ventoux eine sehr bizarre abweisende Aura hat. Wenn man die Vegetationsgrenze erreicht, ist man plötzlich in einer lunaren Landschaft. Die Rennradfahrer spüren davon natürlich nicht viel, weil sie vor Anstrengung blind sind. Wir Amateure waren am letzten Aufstieg so phänomenal langsam, dass man ständig diese todeszonenhafte Stimmung des Gipfelbereichs gespürt hat. Wenn man dann auch noch an dem Denkmal für den armen Simpson vorbeifährt, der da 1967 kurz vor dem Gipfel verendete, ist man schon ziemlich demoralisiert und denkt für ein paar Sekunden über die Sinnhaftigkeit des Unternehmens nach.

SPIEGEL: Warum ist Radfahren Ihr Sport geworden?

Sloterdijk: Eher zufällig. Ich war früher mehr ein Läufer, aber ich habe mit der Zeit bemerkt, dass die Gelenke das nicht gern haben. Inzwischen hat sich meine Vorliebe fürs Radfahren so weit rumgesprochen, dass mir Kollegen zum Geburtstag ein Gelbes Trikot geschenkt haben.

SPIEGEL: Wie viel fahren Sie?

Sloterdijk: Da kommen in einem Sommer schon ein paar tausend Kilometer zusammen. Radfahren bedeutet für mich eine Rückkehr zu dem alten Savannen-Adam, der bei der Jagd den ganzen Tag läuft und dabei immer high ist.

SPIEGEL: Bekommt man auf dem Mont Ventoux ein Gefühl dafür, was ein Radprofi beim Erzwingen eines solchen Berges leisten muss?

Sloterdijk: Es geht noch weiter: Man begreift, dass das, was diese Männer leisten, alles übersteigt, was Normalsterbliche begreifen können. Das erinnert fast an ein theologisches Studium: Man braucht den ersten Grad der Einweihung, um zu verstehen, dass man nichts versteht. Das Geistreichste, was je über die Tour geschrieben wurde, stammt von dem frühen Roland Barthes, der nicht zufällig eine regelrechte Theologie des Radsports entwickelt. In seinem Essay über das Epos namens Tour de France findet man einen Passus, worin er den Mont Ventoux wie einen Gott des Bösen beschreibt, der Opfer fordert. Barthes setzt die Helden des Radsports mit den Kriegern Homers in der Ilias gleich. Für ihn wiederholt sich das Urduell zwischen Hektor und Achilles unter den Fahrern am Berg. In der Ebene kämpfen kann schließlich jeder, aber wer am schlimmsten Berg bis zuletzt zweikampffähig bleibt, ist schon darum Hektor oder Achilles.

SPIEGEL: Barthes schreibt in diesem Essay aus dem Jahr 1957 bereits über Doping.

Sloterdijk: In seinen Augen war das Doping unverzeihlich, weil es eine Profanisierung bedeutete. Barthes erbaute sich an der Vorstellung, dass die Kraft, mit der der

GOETZ SCHLESER / VISUM (O.); ERIC LALMAND / DPA (U.)

Mont-Ventoux-Bezwinger Sloterdijk, Alpen-Etappe der Tour de France 2007: *„Was diese Männer*

Das Gespräch führten die Redakteure Lothar Gorris und Dirk Kurbjuweit.

ken. Der Widerstand der Christen gegen die römischen Spiele zog sich über mehrere hundert Jahre hin, doch zuletzt setzten sie sich durch, und die Spiele verschwanden. Heute ist es nicht das Christentum, das den Spielen zusetzt, sondern die Gesundheitsreligion und ihre Ärzte-Priesterschaft, aber der Effekt ist der gleiche. Deutschland steht heute im Zentrum der neuen Reaktion gegen die Spiele. Ein Land, in dem nicht mehr gedopt werden darf und wo alle Sportler hygienische Protestanten werden müssen.

SPIEGEL: In Italien und Spanien hält man nicht viel vom deutschen Anti-Doping-Kampf.

Sloterdijk: Dort gehört die katholische Tradition der fröhlichen Selbstzerstörung zur Volkskultur. Die Italiener können es einfach nicht fassen, dass da oben im Norden schon wieder protestantische Barbaren ihr Unwesen treiben. Die glauben im Ernst, Doch der Verdacht frisst alles an, zuletzt sogar die Freude an den Siegen der eigenen Landsleute – die nach wie vor den Schlüsselaffekt für die Anteilnahme an Sportereignissen liefert.

SPIEGEL: Die besten Brüste, die wir sehen, sind gemacht. Die stärksten sexuellen Höchstleistungen sind durch Viagra befeuert. Warum regen wir uns über Sportler auf, die Vergleichbares tun?

Sloterdijk: Das hat einen klar benennbaren Grund: Der Sport verhält sich zum Alltag wie das Heilige zum Profanen. Er bildet eine Modellwelt, in der sich alles, was man aus der Durchschnittswelt kennt, in einer höheren Verdichtung darstellt. Hier gelten dieselben Werte wie anderswo, aber eben in Reindarstellung. Deswegen ist dort der Gedanke der reinen Leistung bedeutsamer als überall sonst. In der Grauzone des Normalen ist der Betrug normal, in der Modellwelt muss er verpönt sein. Diese einer der wenigen Mythen des 20. Jahrhunderts, der bis vor kurzem noch halbwegs funktionierte.

SPIEGEL: Deutsche Radsport-Teams versuchen, den Sport zu säubern. Geht das?

Sloterdijk: Rolf Aldag wurde im vergangenen Jahr mit einem Bonmot zitiert: Man sollte diesmal den letzten drei die Medaillen geben. Das drückt eine ziemlich tiefe Einsicht in die moralische Situation der Tour aus. Nur: Wenn die Letzten die Ersten sein sollen, dann treiben wir nicht mehr Sport, sondern eine Barmherzigkeitsübung. Aus Niederlagen Siege zu machen ist und bleibt eine kulturell unwahrscheinliche Operation. In Italien hat man die Bestrebungen der Deutschen mit einem maoistischen Umerziehungslager verglichen, durch das die geständigen Fahrer hindurchgegangen seien.

SPIEGEL: Es gab in der Bundesrepublik lange die Illusion, dass nur die anderen, die

STEFANO RELLANDINI / REUTERS

TIM DE WAELE / PIXATHLON

Protest bei der Tour de France 2007, Tour-Helden Armstrong, Ullrich (2004): *„Die Professionalisierung macht vor der Lüge nicht halt“*

wir sind verrückt geworden. Doch Italiener und Spanier sind Angehörige einer Kultur, in der die Abspaltung des Scheins vom Sein zur populären Metaphysik gehört. Die Deutschen, speziell die protestantischen, wollen dagegen die Wörter und die Dinge wieder zur Deckung bringen. Wir sind, glaube ich, die einzige Nation auf der Welt, wo man an ehrliche Neuanfänge glaubt. Wir bleiben unberechenbar, 1945 wurden wir demokratisch, 2007 dopingfrei.

SPIEGEL: Ein Neuanfang ist nicht möglich?

Sloterdijk: Man muss eher mit einem endlosen Fortgang der Malaise rechnen, folglich mit einem allmählichen Ruin der Sportidee überhaupt. Mitten in dem weltweiten Körperboom spürt doch jeder, dass da etwas zu Ende geht. In fast allen Disziplinen sind die Rekorde in den physiologischen Grenzbereich vorgestoßen. Bei den Olympischen Spielen in Peking steht der größte Aufmarsch der Gedopten bevor, seit der erste Mensch einen Stein schleuderte. von klaren Regeln umrahmte Sonderwelt ist von sich her als künstliche Sphäre reiner Leistung verfasst und deswegen steht sie unter einem besonderen Auftrag. In ihr feiert die meritokratische Gesellschaft ihre Grundsätze. Sie ist darum, wenn man so will, eine immanent transzendente Zone. Sportler können keine Heiligen und keine Priester sein, aber sie müssen wenigstens als Heldendarsteller etwas taugen – und wenn sie das nicht mehr wollen oder können, dann sind sie wie alle Übrigen – und wir können sie auf Hartz IV schicken.

SPIEGEL: War das jahrzehntelange Lügen der Radsportwelt also eigentlich sinnvoll, um die Transzendenz zu erhalten?

Sloterdijk: Der Radsport ist auch hierin strukturell katholisch: ohne Heuchelei nicht überlebensfähig. Eine Reformation der Tour de France bleibt unvorstellbar, weil man dann lauter Ernüchterte auf die Piste schicken würde, das wäre der Natur des Ereignisses nicht gemäß. Die Tour ist Russen, die DDR, die Amerikaner dopingmäßig die Bösen sind.

Sloterdijk: Die Chemisierung der Gesellschaft ist ein globales Phänomen – und vor allem: Sie hat die breite Mitte erfasst. Man muss hierzu das Buch „No Limit“ von Ines Geipel lesen, der ehemaligen DDR-Weltrekordlerin in der Sprintstaffel: Das zeigt, wie die Dinge, die im nächsten Monat in Peking passieren werden, in einen weltweiten Trend eingebettet sind. Mir hat mein Trainer schon vor ein paar Jahren erzählt, dass man in kaum einer Disziplin mehr ohne Doping auch nur über die Bezirksebene hinauskommt – und alle sind sich darüber völlig im Klaren. Nur Berufsheuchler wie Rudolf Scharping mussten so tun, als bräche für sie die Welt zusammen, als Jan Ullrich sich erwischen ließ. Was für ein Unfug! Seit langem ist doch jedem klar, dass ein Sportprofi immer einen zweiten Beruf ausüben muss, den des Vorbilddarstellers. Die Professionalisierung macht vor der Lüge nicht halt. Wer nicht heucheln kann, kann auch nicht Rad fahren.

SPIEGEL: Könnte es sein, dass gedopte Sportler uns Normalsterbliche verachten, weil wir uns unserer Beschränktheit ergeben, die Grenzen unseres Körpers und die Grenzen der Schöpfung akzeptieren, während sie erkannt haben, wie man aus ihnen heraustreten kann?

Sloterdijk: Exzellente Frage. Können die Trainierten den Graben zwischen sich und den Untrainierten nur mit Verachtung auffüllen? Viel spricht dafür. Immer wenn ein sehr gesteigerter Mensch zwischen Nichtskönnern herumläuft, klafft eine unbehagliche Diskrepanz auf. Deswegen legen sich Sportler neben der Nie-gedopt-Lüge oft noch eine zweite Heuchelei zu: Sie wollen um alles in der Welt so tun, als wären sie ganz normale Leute. Ihr zweiter Zusatzsport ist die Simulation von Normalität. Kommunistische Intellektuelle hatten die Nummer seinerzeit auch im Repertoire.

SPIEGEL: Sind Fahrer wie Jörg Jaksche, die alles bekennen, heldenfähig?

Sloterdijk: Er gehört zu denen, die in das protestantische Lager übergewechselt sind – und die neuen Protestanten sind zurzeit noch eine unwillkommene Minderheit. In den nächsten 100 Jahren werden wir immer Doppelsport haben. Zuerst den Wettkampf selbst und dann die Enttarnung der Schwindler. Auf diese Weise kriegen wir zwei Programme gleichzeitig geboten. Auch deswegen erinnert die Situation der Anti-Doping-Partei an die der Christen in der römischen Arena. Sie werden zwar weiterhin zum Vergnügen des Publikums von den Löwen gefressen, aber aus dem Maul des besten Löwen hängt schon ein Arm mit erhobenem Zeigefinger heraus – mit einer unangenehmen Botschaft: Wenn ihr so etwas sehen wollt, dann seid ihr moralisch am Ende!

SPIEGEL: Es gibt Hobbyfahrer, die schlucken Paracetamol oder Voltaren, auch Epo, bevor sie auf Tour gehen. Sie auch?

Sloterdijk: Ich hätte keine prinzipiellen Hemmungen, aber ich setze auf innere Regulierungen. Der menschliche Körper ist ein endokrinologisches Gesamtkunstwerk, man muss ihn nur richtig stimulieren, und er dankt es dir mit einer Symphonie von Innen-Drogen.

SPIEGEL: Tragen Sie eigentlich das Gelbe Trikot, das Ihnen die Kollegen zum Geburtstag geschenkt haben?

Sloterdijk: Sehr gerne sogar. Erstens passt es mir halbwegs, zweitens hat man das Gefühl, als fahre man wie ein lebendes Alarmsignal durch die Landschaft.

SPIEGEL: Außerdem ist man den Göttern damit ein Stück näher, oder?

Sloterdijk: Ach, man wird schnell entzaubert. Da draußen fährt jeder Zweite in Gelb.

SPIEGEL: Herr Sloterdijk, wir danken Ihnen für dieses Gespräch.

LANDOV / PICTURE-ALLIANCE / DPA

US-Sprinter Gay
„Seid ihr sauber?"

LEICHTATHLETIK

Projekt Glaube

In Eugene, Oregon, kämpften Amerikas Läufer und Springer um ihre Olympianominierungen – mit zum Teil erstaunlichen Leistungen.

Einen Tag vor seinem Start bei den US-Leichtathletikmeisterschaften in Eugene, Oregon, geht Jeremy Wariner im Stadtpark joggen. Eine Gruppe Hobbyläufer erkennt den Olympiasieger im 400-Meter-Lauf, die Männer rennen eine Weile neben ihm her. Sie geben wirklich alles, aber dann sagt Wariner: „Gut, Jungs, ich muss jetzt los."

Staub wirbelt auf. Kurz darauf ist Wariner fast nicht mehr zu sehen.

Amerika liebt außergewöhnliche Sportler. Zu den Wettkämpfen in Eugene, die auch als Olympiaqualifikation dienten, strömten täglich bis zu 25 000 Fans. Bei einigen Leistungen war der Jubel jedoch seltsam gebremst. Fast unwirklich erschien, was da manchmal geschah.

Der 100-Meter-Weltmeister Tyson Gay lief in einem Vorlauf Landesrekord in 9,77 Sekunden und machte dabei ein Gesicht, als ginge er einkaufen. Einen Tag später gewann er das Finale in 9,68 Sekunden. Kein Weltrekord, weil zu viel Rückenwind, aber die schnellste jemals gelaufene Zeit. Hürdenläufer Bershawn Jackson blieb nach einem Schrittfehler fast stehen und gewann dank eines Zwischenspurts am Ende dennoch überlegen.

Es gibt immer viele Erklärungen für die Wundertaten amerikanischer Leichtathleten. In Eugene meinten die Experten, es liege am tollen Wetter und an der schnellen Laufbahn im Stadion auf dem Gelände der Universität von Oregon. Aber nach den amerikanischen Doping-Skandalen der vergangenen Jahre haben sich Zweifel festgesetzt. „Das Gespenst Doping kreist über dem Sport", schrieb eine Zeitung in Oregon. Neben der Laufbahn hatten Zuschauer ein Transparent aufgehängt: „Seid ihr sauber?"

Den größten Beifall bekamen in Eugene die Sieger im Kugelstoßen und Stabhochsprung, große, kräftige Jungs, die abends noch ein dickes Steak essen und irgendwie das gute alte Amerika verkörpern. Man vertraut ihnen. Die Sprinter, die wie immer das größte Spektakel lieferten, wurden in der Art bewundert, wie man eine gute Maschine bestaunt. Emotionslos, wertfrei.

Der US-Verband und die Sponsoren haben auf die Skepsis reagiert. Das Sportfest in Eugene war vor allem ein Nostalgiefestival. Im Medienzelt marschierten fast täglich irgendwelche Ex-Athleten auf, um die Reporter zu beschwören, auch mal wieder das Gute im Sport zu sehen. Gays Ausrüster ließ den Olympiafavoriten in einem Shirt rennen, das den gleichen Look hatte wie jenes von Jesse Owens 1936 in Berlin.

Eugene ist kein schlechter Ort, um alte Zeiten aufleben zu lassen. Die Leichtathletik hat dort eine große Tradition. Von 1972 bis 1980 wurden die US-Olympiaqualifikationen im Hayward-Field-Stadion ausgetragen. Nun ist man zurückgekehrt.

Der herrschaftliche Campus war dekoriert mit Nationalflaggen. Ein beliebtes Ausflugsziel für Besucher war der erste Sport-Shop eines berühmten Sohnes der Stadt. Nike-Gründer Phil Knight feierte von Eugene aus seine ersten Erfolge, hier wurde die erste Turnschuhsohle mit einem Waffeleisen geformt.

„Wir sind eine große Leichtathletiknation", man solle aufhören, „alles in Frage zu stellen", sagt Bubba Thornton, Cheftrainer des Männer-Olympiateams. Aber es ist nicht leicht. Was soll man denken, wenn Sprinterin Muna Lee ihre Bestzeit über 100 Meter mal eben um 19 Hundertstel verbessert?

„Project Believe" heißt nun eine Offensive der US-Anti-Doping-Agentur Usada, die Vertrauen zurückgewinnen soll. Es werden Blut- und Urinparameter gesammelt, um unnatürliche Abweichungen besser erkennen zu können.

Der Erste, der sich für das Project Believe zur Verfügung gestellt hat, ist der Zehnkampfolympiazweite Bryan Clay, einer der bekanntesten Anti-Doping-Kämpfer Amerikas. Er habe „keine Lust mehr", dass die US-Leichtathletik immer nur mit Skandalen Schlagzeilen mache. „Die guten Jungs", sagt Clay, „müssen wieder das Ruder übernehmen."

GERHARD PFEIL

Sommernachts-
phantasien
montags, 22.15 Uhr
Mit dem Zweiten
sieht man besser
ZDF

Medienvertreter begleiten die Tour in großer Zahl, und die Werbekarawane fährt etwa eine Stunde vor den Radfahrern mit zahllosen Wagen vorbei.

Fans bei der Tour

Sechs Uhr am Morgen, Alpe d'Huez. Strahlend schiebt sich die Sonne in den tiefblauen Himmel, es ist still und für Hochsommer ziemlich kühl. Auf den Wiesen blinkt der Tau, der Atem dampft. Es sind noch nicht viele wach, aber der Tag wird auch noch lang werden für die Fans. Und heiß. Und eng, verdammt eng. Wie viele Menschen sich an den 14 Kilometer Bergstraße von Bourg d'Oisans hier herauf in die Skistation versammelt haben, weiß niemand. Ein paar Hunderttausend werden es schon sein. Der Campingplatz in Bourg platzt aus allen Nähten, die Pensionen im Tal sind rappelvoll, wer nicht reserviert hat, muss schon die 40 Kilometer bis nach Grenoble zurückfahren. Und auch da braucht er Glück. Wenn die Tour kommt, ist für zwei Tage Hochsaison.

Der Kampf um die besten Plätze beginnt schon drei Tage vorher. Die halbwegs ebenen Stellflächen für das Wohnmobil mit guter Sicht über die Strecke sind sofort weg, am Tag vor dem Rennen werden die letzten Lücken geschlossen. Und danach ist dicht. Die Polizei sperrt manchmal schon am Abend vor dem Rennen die Straße für den normalen Verkehr. Spätestens am Renntag um sechs Uhr in der Früh geht dann gar nichts mehr. Jetzt darf nur noch durch, wer zur Tour gehört, oder wer sich zu Fuß oder mit dem Fahrrad auf den Weg gemacht hat. Nicht jeder Radfan hat ein Wohnmobil, und so sind schon am Tag vor dem Rennen etliche mit dem Auto herauf gefahren, haben ihr Zelt auf irgendeiner Wiese aufgebaut oder versucht, eines der raren Hotelzimmer zu bekommen. Alpe d'Huez ist ein Wintersportort. Viele Hotels und Pensionen sind im Sommer geschlossen, die Gäste, die sich hier oben im Hochsommer beim Wandern oder Golf vergnügen, wohnen überwiegend in zwei großen Clubhotels.

Die Wiesen neben der Strecke sind übersät mit kleinen bunten Zelten, dazwischen grasen Kühe, suchen ein paar Halme, von denen es in 1850 Meter Höhe nicht mehr viele gibt. Die Hänge sind mit hässlichen braungrauen Narben zerfurcht – wo im Winter die Skifahrer ihre Schwünge ziehen, wächst im Sommer nichts mehr. Und heute werden die restlichen Wiesen zertrampelt: Die Tour kommt.

Aber bis dahin ist noch Zeit. Der Tag im Hochgebirge beginnt für die Fans, ob das nun hier in Alpe d'Huez, in Courchevel oder sonstwo ist, mit der Suche nach einem freien Platz in einem Café zum Frühstücken. Geschafft, Café au Lait, Croissants, dazu acht Seiten Artikel über die Tour in der L'Équipe. Langsam kommt Leben auf die Straße, Prozessionen ziehen vorbei. Fans mit Tröten, Trikots und Fahnen wandern Richtung Ziel. Dazwischen Hobbyradler, die sich selbst am finalen Anstieg versuchen. Ganze Radclubs sind dabei, gerade strampeln die „Kandel-Elche" aus dem Badischen vorbei, dahinter einen „Firmenmannschaft" aus Bayern, allesamt in Telekom-Trikots. Der Jan-Ullrich-Fanclub spannt ein Transparent auf. Martina aus Berlin stöbert lieber beim Händler, der auf einem alten Tapeziertisch die Trikots der Tour verkauft. Sie hätte gerne ein Grünes, weil „der Erik so ein süßer Kerl ist".

Viele Fans „sammeln" die Pässe aus eigener Kraft. Sie waren schon am Mont Ventoux, am Galibier, am Tourmalet und heute sind sie eben hier. Mittags wird es langsam voll am Straßenrand. Position einnehmen, am besten mit einer Kühltasche zum Draufsteigen und für den Proviant. Mittlerweile ist es heiß geworden, der fliegende Getränkehändler, der für 12 Francs eine Dose klebrige Limo anbietet, kommt kaum nach mit Kassieren. Eine abenteuerliche Duftmischung wabert über die Straße – Bier, Kokos-Sonnenöl, Schweiß und aus den Restaurants kommt noch die spezielle Steak-Frites-Note dazu. Auf den Terrassen trifft sich die internationale Fangemeinde. Ohne Polizei. Was bei einem Fußballspiel völlig undenkbar wäre, ist im Radsport normal. Die Fans feiern zusammen und zwar absolut friedlich. Ein paar verbale Frotzeleien – mehr ist nicht drin. Seit Lance Armstrongs Erfolgsfahrt kommen auch wieder mehr Amerikaner. Die haben aber Probleme, da sie meist kein Wort Französisch sprechen und der Franzose Englisch nur unter Androhung einer Strafe. „Côte de porc – what? Escalope – Sorry?" An den Tischen der Restaurants wird munter gegrunzt und gemuht, bis sich die Kunden und der genervte Kellner auf Spaghetti einigen. Da weiß jeder, was gemeint ist.

Das Warten nimmt kaum ein Ende. Die Werbekarawane der Tour sorgt für ein bisschen Abwechslung, aber so gegen drei Uhr werden die Leute langsam müde. Die Hitze zehrt, die Beine werden schwer und das Rennen ist immer noch weit weg. Manche dösen im Schatten, wenn sie einen finden, andere trinken noch ein Bier oder kaufen sich das ultimative Tour-Sonderangebot: eine Schildmütze, eine Radsportzeitschrift und ein Kugelschreiber für zehn Francs.

Zwei Stunden später ist alles vorbei. Die Fahrer sind im Ziel, der Fan hat gejubelt. Die müden Profis sind schon im Hotel, die VIPs und Offiziellen werden mit Polizeieskorte ins Tal geleitet, der Fan braucht für die 14 Kilometer zurück ins Tal eine halbe Stunde mit dem Fahrrad, drei Stunden zu Fuß oder etwa sechs Stunden im Stau – wenn er Glück hat.

Manchmal leiden bei der Tour nicht nur die Fahrer.

Die Begeisterung an den Straßen ist groß, manche kleiden sich extravagant, mehr zur Freude der anderen Zuschauer, denn die Radler sind fast immer zu schnell zum Hinschauen.

Die schnelle Spritze

Es hat nicht viel gefehlt und die Tour de France wäre 1998 vor die Hunde gegangen. Was für ein Wahnsinn – bei dem Festina-Betreuer Willy Voet wurden 800 Ampullen Epo gefunden, Beginn einer Tour mit Polizeirazzien, Durchsuchungen, Festnahmen und Verdächtigungen. Es entstand damals eine brisante Stimmungslage, die Tour rollte zwar, aber die Faszination war weg. Die Profis fühlten sich allesamt in eine kriminelle Ecke abgedrängt, von der Polizei mit aus ihrer Sicht unzulässiger Härte gegängelt, von den Medien verhöhnt.

Die Fans waren verunsichert, manche hatten einfach keine Lust mehr, sich das Spektakel noch länger anzuschauen. Der Sport geriet zur Nebensächlichkeit, die Fahrer streikten vor Aix-les-Bains, der führende Marco Pantani riss sich die Startnummer vom Trikot – die Tour stand vor dem Aus. Es ist nicht passiert, das Rennen erreichte tatsächlich noch Paris, wenn auch nur noch mit 96 Fahrern und in einer Stimmung, die eher der bei einem Begräbnis glich. Alle wollten nur noch nach Hause, und das möglichst schnell.

Gerade zwei Jahre ist das nun her, zwei Jahre, in denen es aber unter der Oberfläche weiter gärt, in denen getestet wird, aber auch viel im trüben Dopingsumpf herumgestochert wird. Es gibt aber Fakten, die wir ruhig einmal nennen sollten. Es ist eine Tatsache, dass der Profiradsport eine Doping-Tradition hat. Vielen alten Radhelden wurde das Aufpeppen der eigenen Leistung mittels Chemie zweifelsfrei nachgewiesen. Tom Simpson starb sogar daran am Mont Ventoux. Dietrich Thurau war positiv oder der Spanier Pedro Delgado. Die eingeknasteten Festina-Profis wie Alex Zülle oder Laurent Dufaux haben Doping mit Wachstumshormonen und Epo gestanden. In großen Mengen und akribisch protokolliert. Das Problem ist real und sichtbar – das ist ein Fakt.

Es ist aber auch eine Tatsache, dass der Radsport auf die Herausforderung reagiert. Es gibt Wettkampf- und Trainingskontrollen sowie einen Gesundheitspass. Kein Profi kommt unbehelligt mehr durch eine Saison. Zusätzlich werden im Weltcup und bei den großen Rundfahrten Blutkontrollen gezogen, die zwar keinen direkten Epo-Nachweis liefern können, die aber eine 14-tägige Schutzsperre nach sich ziehen, sollte der Hämatokritwert über 50 sein. Und das ist immerhin mehr, als die Leichtathleten machen. Die Ernsthaftigkeit dieser Bemühungen ist jedenfalls nicht abzuleugnen. Wenn die Bluttests nur scheinheilige Fassade wären, wie manche behaupten, hätte es nie einen positiven Test von Marco Pantani zwei Tage vor Ende des Giro d'Italia gegeben. Eine Sportart demontiert nicht einen ihrer Superstars, wenn sie es nicht will.

Mit Sicherheit falsch ist die immer wieder zu hörende Behauptung, die Strapazen einer Tour der France seien ohne Doping mit Erythropoietin überhaupt nicht auszuhalten. Dafür gibt es keinen schlüssigen Beweis. Das Tempo in den Bergen ist heutzutage gar nicht so viel höher als in den Zeiten, als es Epo noch gar nicht gab. Die Skepsis kommt nicht zuletzt daher, dass die Leistung der Fahrer eben dermaßen gewaltig von dem abweicht, was viele glauben, was möglich ist, die selbst ein wenig Rennrad fahren.

Was die meisten dabei übersehen – bis zum Start der Tour hat ein Profi seit November zwischen 20 000 und 25 000 Kilometer im Training und in Rennen gefahren, hat sich akribisch auf dieses Ereignis vorbereitet. 25 000 Kilometer in sieben Monaten – auch das übersteigt so manche Vorstellungskraft. Natürlich rollen nicht alle im Peloton mit Himbeersaft über den Tourmalet, es wird betrogen bei der Tour, wie in jedem anderen Rennen auch. Aber der Rückschluss auf alle oder auf die meisten ist nicht bewiesen, nicht haltbar und obendrein auch nicht fair.

Jan Ullrich und Erik Zabel haben dazu ihre eigene Meinung und sie auch immer wieder geäußert. Beide sprechen sich gegen Doping aus und sie tun das, was sie tun können. Beide stellen sich den Kontrollen, murren auch nur leise, wenn die Kontrolleure am Renntag um fünf Uhr in der Früh zum Blutabnehmen erscheinen, wie bei Mailand–San Remo vor einem Jahr. Jan fordert dazu noch öffentlich eine Zwei-Jahres-Sperre für alle Dopingsünder, Erik tritt dafür ein, dass so schnell wie möglich ein direkter Epo-Nachweis entwickelt und eingesetzt wird. Das internationale Umfeld, in dem sich die beiden bewegen, können sie nicht beeinflussen. Für sich selbst haben sie aber Position bezogen und lassen sich auch daran messen. Mehr können sie nicht tun.

Es soll keinem Fahrer unberechtigt etwas unterstellt werden. Doch zumindest früher, als die Dopingkontrollen weniger streng gehandhabt wurden, war die Versuchung groß, den außergewöhnlichen Anstrengungen auch mit Aufputschmitteln den Schrecken zu nehmen, speziell für mehr Leistung und Ausdauer am Berg.

Champion
OTXOA
Champion
www.Champion.fr
4893 WQ 14

Die Tour in den Bergen

Nicht nur reine „Bergflöhe" von 55 oder 60 Kilo Körpergewicht wie einst Charly Gaul, Claudio Chiappucci oder zur Zeit Marco Pantani oder Fernando Escartin brillieren an den langen und steilen Rampen in den Pyrenäen und Alpen. Auch größere und schwerere Fahrer schaffen das immer wieder glänzend: Eddy Merckx, Miguel Indurain, Bjarne Riis, Alex Zülle und Jan Ullrich, um nur ein paar zu nennen.

Dem Mann geht es schlecht, verdammt schlecht. Schweiß strömt über sein seltsam verzerrtes Gesicht, er bleckt die Zähne, winkt hektisch seinen Mannschaftswagen heran, lässt sich Cola reichen, was so kurz vor dem Ende der Etappe nicht erlaubt ist und ihm auch noch eine Zeitstrafe einbringen wird. Aber wahrscheinlich weiß er das in diesem Moment nicht einmal – und wenn, dann ist es ihm egal. Der Mann im weißblauen Trikot des spanischen Banesto-Teams kann nicht mehr, fünf Kilometer vor dem Ziel zeigt ein Radprofi Schwäche, von dem man jahrelang geglaubt hatte, dass er dagegen immun sei, absolut immun. Aber es ist nicht zu übersehen – Miguel Indurain ist auch nur ein Mensch, der „Außerirdische", wie ihn die L'Équipe einst bezeichnet hat, leidet. Es ist nicht mehr weit hinauf nach Les Arcs, aber die letzten Kilometer werden für den Souverän zur Qual. Tony Rominger, sein langjähriger Widersacher, attackiert, die Gruppe dahinter zieht sich mehr und mehr in die Länge, reißt langsam auseinander. Luc Leblanc steigt hinterher, dann der Österreicher Peter Luttenberger. Richard Virenque zieht an, Laurent Dufaux, Abraham Olano, Bjarne Riis, Piotre Ugrumov. Alle warten auf den Konter von Don Miguel, warten auf die Antwort, die der Spanier jahrelang mit aufreizender Selbstverständlichkeit gegeben hat. Egal, wer da das Tempo forciert hat, Indurain ist einfach hintergefahren, im Sitzen, scheinbar ohne jede Anstrengung, das Gesicht unbewegt, die Schultern ganz ruhig. Unverschämt lässig und entspannt sah das immer aus, während sie vorne am Lenker gerissen haben, als sei er ihr Feind. „Du bringst dich halb um, drehst dich um, und der Kerl lacht auch noch", hat der Italiener Claudio Chiappucci, jahrelang einer der besten Bergfahrer und zweimal Zweiter bei der Tour, über den „Tourminator" gesagt.

Manche Tour-Fans reisen lange vorher an, haben Zeit, moralische Unterstützung auf den Asphalt der Passstrassen zu malen. Dann verkürzt die Werbekarawane das Warten (links) und endlich kommen die Radprofis, um die Anstiege zu meistern, hier den Galibier, das „Dach" der Tour 2000 (nächste Seite).

Doch jetzt „steht" Miguel, plötzlich ist es vorbei mit der eleganten Souveränität. Fünfmal nacheinander hat Indurain die Tour de France gewonnen, aber heute, an diesem schwülen Julitag 1996 wird klar, dass er nicht als Erster in der Geschichte des Rennens sechsmal triumphieren kann. Er reißt an den Pedalen, der große Stilist ruckt wie ein Wasserträger in akuter Bergnot. Und plötzlich fährt noch ein Profi locker an ihm vorbei. Ein junger Kerl von 22 Jahren bei seiner ersten Tour, der beste Neuprofi im Feld. Jan Ullrich schaut vielleicht eine Sekunde ins Gesicht von Miguel, als ob er gar nicht glauben könnte, dass er wirklich stärker in die Pedale treten kann als der große Indurain. Aber er kann. Ullrich fährt weiter, kurbelt locker an dem Mann vorbei, der jahrelang alles und jeden bei der Tour aus den Schuhen gefahren hat und der auf dieser siebten Etappe der Tour 1996 seinen Nimbus der Unschlagbarkeit verliert.

In Les Arcs beginnt das Ende der Ära Indurain bei der Tour de France, das sich ein paar Tage später in Sestrières und später in Lourdes-Hautacam in den Pyrenäen vollenden wird, als beide Male der spätere Toursieger Bjarne Riis triumphiert. Und es ist auch der erste Tag, an dem Jan Ullrich spürt, dass er am Berg mit allen mithalten kann – und das mit 22 Jahren. Die Alpenetappe von Chambéry nach Les Arcs ist aber auch symbolisch für die Tour de France in den Bergen. Wenn es dir gut läuft, wenn du Kraft und Selbstvertrauen in dir spürst

Adecco

CRÉDIT
CRÉDIT AGRICOLE
LOOK
MBK
127
175

Hitze und Kälte

Das ist jetzt also Hochsommer. Dicke Schneeflocken peitschen gegen die Windschutzscheibe, der Scheibenwischer kommt fast nicht mehr nach, die Sommerreifen drehen durch und mein Beifahrer wird leicht nervös, weil er vor vier Wochen Vater geworden ist und gerne noch mal sein Kind sehen möchte. Nichts geht mehr, schon gar kein Radrennen. An eine Fahrt im Sattel über den Col de l'Iseran oder über den Galibier ist nicht mal zu denken. Also wird die neunte Etappe der Tour 1996 überwiegend im Auto gefahren. Und zwar im Konvoi, vorbei an ein paar eisenharten Fans, die trotz des Wintereinbruchs im Zelt übernachtet haben. „Feiglinge, steigt aus und fahrt endlich, ihr Memmen", brüllt ein blaugefrorener Engländer in kurzen Hosen und Daunenjacke kurz unterhalb des Iseran den Mannschaftswagen der Teams hinterher. Aber es ging wirklich nicht, Winterreifen für Rennvelos sind noch nicht erfunden.

Die Etappe wird erst hinter den Bergriesen in le Monêtier-les-Bains gestartet. Nur 46 Kilometer Rennen hinauf in den italienischen Wintersportort Sestrière. Dort ist es milder, scheint sogar ein bisschen die Sonne. An diesem Abend im Sommer 1996 wird Bjarne Riis ins Gelbe Trikot schlüpfen, am Morgen hatte er im verschneiten Val d'Isère noch nicht einmal daran geglaubt, dass an diesem Tag überhaupt ein Rennen gefahren werden kann.

Auch die Wetterwechsel und -extreme machen die Tour so hart: bleierne Hitze in der Ebene, heftige Sommergewitter und überraschende Kälteeinbrüche in den Bergen. Erik Zabel ist vor dem Start in diesem Jahr dreimal mit der Tour über den Galibier gekommen. 1996 saß er wie alle anderen bei Schneetreiben im Auto, „die beiden anderen Male hat es geregnet und es war kalt", erinnert er sich. „Trocken bin ich jedenfalls noch nicht rübergekommen." Auch kein Spaß. So wenig wie Nebel am Tourmalet oder Sturmböen im Languedoc.

Das Hauptproblem ist aber die Hitze. Nicht für Jan Ullrich, der mag es gerne, wenn die Luft kocht. Jan ist einer wie Miguel Indurain, dem es auch nicht heiß genug sein konnte. Für die meisten sind Temperaturen über 30 Grad aber die Hölle, besonders, wenn auch noch schnell gefahren wird. Statistiken gibt es keine, aber auf den Transferetappen zwischen Alpen und Pyrenäen, da wabert oft die Hitze, dass einem schon im Stehen fast die Luft wegbleibt. „So auf den langen Geraden bei Montpellier, wenn du siehst, dass die Luft über dem Asphalt flimmert, das saugt dir dann die Kraft aus den Beinen", beschreibt Erik Zabel die Hitze des Südens, die sich auch mal in heftigen Gewittern entladen kann. 1987 gewann Rolf Gölz die Etappe nach Blagnac und fuhr dabei teilweise durch knietiefe Sturzbäche, die sich nach einem Unwetter über die Straße ergossen.

Hitze macht mürbe. Erik erinnert sich an eine Etappe nach Pau, bei der es selbst das Hauptfeld auseinander riss. 100 Mann fielen bei gnadenloser Hitze um die 40 Grad zurück, am Abend waren Cipollini und Svorada ausgeschieden, wieder zwei Gegner weniger für Erik im Kampf um das Grüne Trikot. An solchen Tagen heißt es trinken, trinken und nochmals trinken. Wenn es sein muss, bis zu zehn Liter am Tag. Und manchmal muss es sein.

Wenn es richtig glüht, sind die Profis dankbar, von den Zuschauern abgekühlt zu werden. Wenn es denn klappt – dem armen Jens Heppner hat mal einer beim Anstieg nach Alpe d'Huez warmen Kaffee über den Kopf gekippt. Der Fan hatte seine Thermoskannen verwechselt und Heppe fast einen Hitzschlag statt Kühlung bekommen. Normalerweise fahren Profis im Feld nicht gerne vorne am Wind. Bei großer Hitze aber schon, weil du schon in der dritten Reihe kaum noch Luft bekommst. „Und weil die Wasserflaschen der Zuschauer gleich von den Ersten geleert werden", sagt Erik, der am liebsten bei angenehmen 25 Grad unterwegs ist. „Richtig schönes Radfahrwetter eben."

Aber das herrscht eher selten, im Juli brüllt die Sonne. 1995 war es in den Pyrenäen derart heiß, dass die Organisatoren Splitt und Sand auf den flüssigen Asphalt streuen ließen, damit überhaupt gefahren werden konnte. Es war der Tag nach dem Todessturz von Fabio Casartelli. Das Feld rollte geschlossen eine Traueretappe, keiner griff an, das Tempo blieb bis zum Ziel moderat und am Ende fuhr die Motorola-Equipe, die Mannschaft Casartellis, mit Lance Armstrong in der Mitte gemeinsam über die Linie. „Wäre an diesem Tag ein normales Rennen gewesen, wären wohl nur noch 60 in Paris angekommen", erinnert sich Erik. An diesem Abend war an seinem Rad der Lack ab. Der Splitt hat gewirkt wie ein Sandstrahler, am Unterrohr war praktisch keine Farbe mehr.

Die Hitze plagt viele auch in der Nacht. Nicht jedes Hotel in Frankreich hat eine Klimaanlage. Die Société versucht die Plätze in den Top-Herbergen gerecht auf die Teams zu verteilen, so dass jede Mannschaft während der drei Wochen gleich oft in den Genuss von ordentlichen Betten und klimatisierten Zimmern kommt. Die anderen haben eben Pech und meistens nicht mal die Möglichkeit, das Fenster im Zimmer zu öffnen. Der Lärm auf den Straßen macht Schlaf bei offenen Fenstern unmöglich. Wenn die Tour da ist, ist Fete in der Stadt. Und das nicht nur bis Mitternacht. Außerdem können die Fans auch nicht schlafen – es ist viel zu heiß.

Mont Ventoux am 13. Juli: strahlend blauer Himmel, aber eisiger Wind; Bergankunft in Lourdes-Hautacam am 10. Juli: Jan Ullrich liebt die Kälte nicht.

PINARELLO
Coca-Cola
61

TREK

TOUR 2000: PYRENÄEN UND ALPEN

Das Le Manoir de la Roserai ist nicht nur ein Hotel, es ist ein Traum. Ein Chateau im provençalischen Stil, ein riesiger Park mit alten Bäumen und eine ausgezeichnete Speisekarte. Jan Ullrich hat dafür aber kaum ein Auge und sowieso keine Muße. Ein bisschen missmutig sitzt er in einem tiefen Fauteuil. Der Ruhetag hier in Grignan ist für ihn ein Tag der Fragen. War es das schon? Ist die Tour nach der ersten Bergetappe in den Pyrenäen bereits verloren? „Manche wollen wohl hören, dass ich die Brocken jetzt schon hinwerfe“, sagt er, „aber, zum Teufel nochmal, die Tour ist doch noch lang, sie hat doch gerade erst richtig begonnen.“ Für ihn allerdings nicht wie gewünscht. Die erste schwere Bergetappe von Dax nach Lourdes-Hautacam hat das Feld sortiert. Lance Armstrong wurde zwar hinter dem Spanier Javier Otxoa nur Zweiter, aber der Amerikaner wuchtete sich ins Gelbe Trikot. Der Titelverteidiger schien mit der Steigung zu spielen, nach seiner Krebstherapie hat er seinen Stil verändert. Der Texaner fährt extrem kleine Gänge mit einer unglaublichen Trittfrequenz. Er selbst sagt 115 Umdrehungen pro Minute. Bei Jan sind es zwischen 85 und 90 – allerdings mit einer höheren Übersetzung.

Der 10. Juli war nicht der Tag des Jan Ullrich. Es regnete aus Kübeln, die Temperaturen waren über Nacht gefallen, mit Hochsommer hatte das windige Schauerwetter am Atlantik nichts zu tun und aus Hautacam wurden Regen, Nebel und sechs Grad gemeldet. „Ein Wetter für Lance“, freute sich dessen Sportlicher Leiter Johann Bruyneel. Keines für Jan, der es gerne richtig heiß hat. „Hitze macht mir nichts aus“, sagt er, „meine besten Tage als Rennfahrer habe ich eigentlich immer bei hohen Temperaturen gehabt.“ Dafür schlug er sich am Schlussanstieg achtbar. Als Marco Pantani attackierte, ging Jan aber nicht mit. „Ich habe mich darauf konzentriert, mein Tempo zu fahren“, sagt er. Pantanis Antritt war zu stark für ihn. Lance Armstrong setzte aber nach, auch Alex Zülle, und es sah eine Zeit lang überhaupt nicht gut für Ullrich aus, zumal auch noch eine Gruppe vor ihnen fuhr, in der unter anderem Richard Virenque fuhr. Die meisten von ihnen hatten aber ihre Kraft an diesem Tag überschätzt. Vor allem Pantani. Der „Pirat“ hatte den Angriff lanciert und war gescheitert. Armstrong fuhr ihm einfach davon, ohne sichtbare Mühe, mit einem Gesichtsausdruck, der keinerlei Anstrengung erkennen ließ. Und hinten geigte Pantani. Als wolle er seinen Lenker rausreißen. Eine beeindruckende Vorstellung von Armstrong, auch für Jan. „So wie Lance heute habe ich noch kaum mal einen fahren sehen. Das war unglaublich, dagegen war einfach kein Kraut gewachsen.“ Dafür zahlte sich seine eigene Taktik aus. Voll belasten, aber nicht überdrehen, so schnell wie möglich, aber nicht in den roten Bereich drehen, wo es dir dann „plötzlich die Luft wegreißt und gar nichts mehr geht.“ Ullrich betreibt Schadensbegrenzung, verliert nach Hautacam 3:19 Minuten auf den Amerikaner und klettert auf Platz zwei im Gesamtklassement. Kein schlechter Auftakt, er war am letzten Anstieg mit den Besten mitgefahren – aber es war nach der Fahrt im Sauwetter auch klar, dass Lance Armstrong in bestechender Form ist. „Ich muss stärker werden und er ein bisschen schwächer“, sagt Jan. Von diesem Tag an fuhr die Hoffnung mit. Einen Jour sans, einen schwachen Tag, wie die Franzosen sagen, kann jeden erwischen bei der Tour, auch den Souverän aus Austin.

Am 10. Juli in den Pyrenäen reichte Armstrong ein unwiderstehlicher Antritt, seinen erneuten Anspruch auf den Tour-Sieg nach 1999 anzumelden. Abends streifte er das Gelbe Trikot über, tags darauf schützte das gesamte Team den Kapitän vor Attacken (nächste Seite).

Sturm am Mont Ventoux

Und warum nicht am Mont Ventoux? Am gnadenlosen Solitär in der Provence, über den der französische Philosoph Roland Barthes geschrieben hat: „Der Ventoux, in der Vollkommenheit des Berges, ist ein Gott des Bösen, dem man opfern muss.“ Die Realität ist freilich weniger pathetisch. Der Mistral stürmt durchs Rhonetal. Kalter Nordwind, in Böen bis zu 100 Kilometer schnell, pfeift über den Ventoux, eine Gruppe von Radtouristen muss das Unternehmen Gipfel begraben, weil der Wind nach der Baumgrenze zu stark ist. Und morgen, nach dem Ruhetag im Traumhotel, sollen sich die Profis dem Berg stellen. 13. Etappe der Tour 2000, 150 Kilometer von Carpentras auf den Ventoux. Für die Favoriten sind die Tage vor so einer Kraftprobe nicht besonders angenehm. Bleibt die Form, wie stark ist die Konkurrenz? Jan schüttelt die Fragen für sich ab. Soll ich jetzt sagen, dass ich verloren habe, nur weil es manche hören wollen? Nein, die Tour ist noch verdammt lang und das meine ich auch so“, sagt er. „Ich bin froh, dass ich mit Rudy Pevenage den Ventoux trainiert habe. Ich weiß genau, was auf mich zukommt, das wird nicht leicht, aber für keinen von uns. Und eines ist auch klar: Wenn ich eine Chance sehe zu attackieren, dann bleibe ich sicher nicht sitzen. Und eines noch – das Wetter hat mir bisher auch nicht gerade geholfen.“

Das sollte es auch am nächsten Tag nicht. Strahlend blauer Himmel über der Provence, aber der Mistral bläst weiter und oben auf dem Ventoux hat es gerade fünf Grad. 300 000 Fans haben sich an den Rampen von Bédoin herauf aufgestellt. Sie wollen Zeuge werden bei einer der härtesten Bergprüfungen der Tour. Und sie werden nicht enttäuscht. Für die Favoriten beginnt das Rennen drei Kilometer nach Bédoin, 18 Kilometer vor dem Ziel. Die vier Bergwertungen davor waren

510

für sie nur zum Warmfahren. Schnell ist eine Ausreißergruppe gestellt, Armstrong und Ullrich belauern sich an der Spitze. Beide sind konzentriert, warten auf ein kleines Zeichen von Schwäche, ein kleines Zucken, irgendetwas. „ich hatte nie den Eindruck, als ob Lance auch nur die kleinste Schwäche hat", erklärt Jan. Dafür geht es Pantani schlecht, immer wieder fällt der „Pirat" aus der Spitzengruppe zurück, kämpft sich aber immer wieder zurück. Zum letzten Mal sechs Kilometer vor dem Ziel, unmittelbar nach dem Chalet Reynard. Von da an ist der Ventoux eine kahle Steinwüste. Radrennen in einer Mondlandschaft, letzte Reserven mobilisieren bei brachialem Gegenwind. Und immer wieder kämpft sich Pantani heran. „Konnte er auch", sagt Jan, „weil wir uns vorne belauert haben und immer wieder mal das Tempo rausgenommen haben. Er am wenigsten – Jan fährt viel von vorne, als aber dann Pantani zu seiner finalen Attacke antritt, kann er nicht mehr mit. „Ich war am Block, wenn ich es versucht hätte, wäre ich geplatzt." Armstrong kann. Locker springt er Pantani nach, fordert ihn sogar auf, noch schneller zu fahren. Pantani hätte gerne gelacht, aber das geht schlecht bei Puls 200. Am Ende darf er als Erster durchs Ziel fahren. Ein Sieger von Armstrongs Gnaden. „Er hat es verdient", sagt Armstrong, „Pantani hat am meisten attackiert. 29 Sekunden später rollt Jan über die Linie, gezeichnet vom Berg, aber zufrieden mit seiner Taktik. Er konnte den Rückstand auf Armstrong wieder in Grenzen halten, seinen zweiten Platz an diesem Tag festigen, weil der Berg der Konkurrenz Blei in die Schuhe gesenkt hat. Und wie wichtig jede einzelne Sekunde werden kann, zeigt sich drei Tage später in Courchevel, wo er Platz zwei nur um zwei Sekunden halten kann. Zwei Sekunden nach genau 2613,5 Kilometer Rennen.

Es zählt also jeder Meter, deshalb ist Jan auch froh, dass Richard Virenque, Alex Zülle und Fernando Escartin am Ventoux verloren haben. Jan ist ein starkes Rennen gefahren, aber Radsport ist gnadenlos. Er weiß, dass die Öffentlichkeit erwartet, dass er angreift, dass er immer wieder versucht, sein Glück zu zwingen, auch wenn er damit vielleicht Platz zwei im Gesamtklassement verliert. Aber was soll er sich vorwerfen? „Mehr ging nicht", sagt er, „wer mich kritisiert, soll doch selbst mal so einen Berg hochfahren." Hinter dem Zielstrich steigt er sofort in das geheizte Auto eines ARD-Reporters ein. Schutz vor dem stürmischen Wind, es kann noch dauern, bis der Rest der Mannschaft da ist.

Während sich Ullrich erholt, kämpft der Rest des Feldes mit dem Ventoux. Ein Höhepunkt der Tour 2000. Besonders die letzten sechs Kilometer haben es in sich. Nach dem Chalet Reynard sind die Fahrer voll im Wind, die Steigung geht nicht mehr unter zehn Prozent, meist sind es mehr. Ein Höllenritt, acht Profis geben an diesem Tag auf, unter ihnen Tom Steels und Jan Kirsipuu, die Gegner von Erik Zabel im Kampf um das Grüne Trikot. – Gar nicht erst zum Start angetreten ist Marcel Wüst. Der Kölner hat Bronchitis und fährt von Carpentras aus nach Hause. Damit ist klar, dass Erik kaum noch ernsthafte Gegner in der Sprinterkonkurrenz hat. Wenn er gesund Paris erreicht, gehört die Trophäe ihm. Zum fünften Male nacheinander, damit hat er seinen Ehrenplatz im Tourhimmel sicher. Das nützt ihm jetzt aber auch nichts, Erik kämpft sich im Gruppetto Richtung Gipfel. Es läuft aber gut für ihn, die Gruppe rollt, der Rückstand auf Pantani ist nicht so groß, dass er mit einer Disqualifikation rechnen muss. „Ich war echt gespannt, was da auf mich zukommen würde", sagt er, nachdem er 17 Minuten nach Pantani im Ziel ist, „für mich war das ja eine Premiere. Oben war es schon brutal hart, aber irgendwie hat es auch Spaß gemacht." Wie bitte? „Doch", sagt Erik, „nur wenn dich die Dickerchen am Straßenrand anmachen, schneller zu fahren, wird es weniger lustig." Diese Menschen sind zum Glück in der Minderheit, Bergetappen bei der Tour eher ein internationales Festival der Radsportfans, die auch einiges auf sich nehmen, um eine halbe Stunde Rennen zu sehen. „Es war echt beeindruckend am Ventoux", sagt Jan Ullrich.

Und es wird noch besser. Das Team hat zwei Hubschrauber gechartert, die alle neun Fahrer vom Berg direkt ins Hotel fliegen. Zwei Stunden vorher war noch nicht einmal klar, ob die Helis bei dem starken Wind landen können. Sie konnten – und so flogen neun Profis und ein Masseur auf dem schnellsten Weg zurück ins Traumhotel nach Grignan. „Ein echtes Highlight", sagt Eric nach der Landung im Park. Und für lange Zeit das letzte beschwingte Erlebnis der Telekom-Profis. Es geht in die Alpen, drei Hammeretappen, besonders für Jan. Aber daran dachte an diesem Abend keiner. Der Ventoux ist bezwungen, härter kann es kaum mehr werden. Kann es aber doch.

Auf der 11. Etappe – vor dem ersten Ruhetag – konnte Erik Dekker in Revel seinen zweiten Tagessieg feiern (links). Vor dieser Etappe zwischen Pyrenäen und Alpen plauschten Armstrong (oben links), tags zuvor in Gelb geschlüpft, und Zabel, zwei Tage schon in Grün, ganz entspannt.
Offenbar waren am 13. Juli dann zwei besonders ausgeruht am Start: Marco Pantani, der „rosarote Panther" hatte mehrfach attackiert, nur Armstrong ließ sich nicht beeindrucken, gemeinsam stürmten sie vollends hoch zum Mont Ventoux; ganz oben überließ der Mann in Gelb Pantani den Etappensieg.

Giro
LANCE
YAHOO! Sports
RUDY PROJECT
CL
CREDIT
LYONNAIS
LE TOUR DE FRANCE
PMU

MAVIC

Der Kampf in den Alpen

Am 14. Juli darf auch die Tour de France feiern. Die Franzosen lieben den Abend des Nationalfeiertags, ein langes und üppiges Essen mit der Familie, dann zur Dorffete auf den Marktplatz, Feuerwerk, Rummel, Disko unter freiem Himmel. Deshalb hatten auch die Rennfahrer früher Schluss, die Etappe von Avignon nach Draguignan wurde entgegen dem sonstigen Brauch schon um 11.35 Uhr gestartet, und da obendrein ein kräftiger Rückenwind die Profis Richtung Seealpen blies, war nachmittags um vier bereits Feierabend. Erik Zabel wusste schon am Morgen, dass er auf diesen 185 Kilometern keine Chance auf einen Etappensieg haben würde. Es war klar, dass sich Ausreißergruppen formieren würden und das Team Telekom nicht gewillt war, sich in den Wind zu stemmen, um Erik wieder ranzubringen. Die Mannschaft schonte sich für die Alpen, um Jan beim Kampf um das Gelbe Trikot zu helfen. Erik ist zwar stark genug, selbst in einer Fluchtgruppe mitzugehen, aber das bringt ihm nichts. „Wenn ich mitspringe, fährt die Gruppe nicht mehr", erklärt er, „die haben doch kein Interesse, mit mir drei Stunden vorne zu kämpfen und ich gewinne dann die Etappe im Sprint. Ich würde mit mir auch nicht wegfahren." Erik vertagt seine Ambitionen.

Für Jan wird es ernst. Die drei Alpenetappen werden zeigen, wo er steht. In den steilen Rampen endet irgendwann jede Taktik und jede Hilfe, da zählt dann nur noch die pure Kraft, die Fähigkeit, Tempo zu fahren und vor allem auch die Härte, Rhythmuswechsel wegzustecken. Rennfahrer ziehen nicht gleichmäßig wie eine Bergbahn Richtung Passhöhe. In den Spitzengruppen wird das Tempo variiert, immer wieder gibt es Attacken, Tempoverschärfungen, kurze Sprints bergauf, danach wieder einen Tritt rausnehmen, sich auf hohem Niveau erholen. Der Stärkste kann so seine Gegner brechen, körperlich und moralisch. Er tritt an, fährt ein paar Meter weg, lässt dann

Wo die Fahrer sich auf die Berge wuchten müssen, stehen die Zuschauer: links noch einmal die Szenerie beim Schlussanstieg zum Mont Ventoux am 13. Juli 2000, der davor 11-mal bei einer Tour de France angesteuert wurde. Nach und während der Plage war jede Hilfe willkommen: den Fahrern statt einer kalten Abfahrt ein Hubschrauberflug ins Hotel – mit tollem Überblick, dem Buchautor zur Begleitung der Radheroen ein bequemes Auto.

wieder nach, erholt sich, während die anderen ihm nachhecheln und tritt dann wieder an. Dieses Zucken am Berg mag Jan Ullrich nicht und es fehlt ihm in diesem Jahr die letzte Kraft zum Kontern. Auch Lance Armstrong fährt lieber schnell, aber gleichmäßig die Berge hoch. In diesem Punkt sind sich die beiden einig und für ihre Mannschaften heißt das arbeiten, arbeiten, arbeiten. Tempo hochhalten, damit Kletterern wie Pantani, Virenque oder Escartin die Lust auf Attacken vergeht.

Jan ist optimistisch vor dem Gipfel-Rendez-vous der Tour. „Ich fühle mich wirklich gut“, sagt er. Sein Teamchef Walter Godefroot lächelt dabei, aber den Belgier plagen Zweifel. „Armstrong muss schwächer werden, sonst hat Jan keine Chance“, sagt er. Und fügt dann hinzu: „Der Kampf um Platz zwei wird hart genug.“ Er sollte Recht behalten. Nach Jans Problemen im Frühjahr ist Godefroot zufrieden mit der Leistung seines Schützlings. Aber er sagt auch klipp und klar: „Jan kann mehr.“

Zunächst sieht es sehr gut aus für Jan Ullrich. Die Etappe über 250 Kilometer von Draguignan nach Briançon bringt keine Veränderung im Klassement. Vier Bergwertungen stehen auf dem Programm. Einmal zweite Kategorie gleich zum Auftakt, dann über den Col d'Allos und den Col de Vars (beide erste Kategorie) zum 2360 Meter hohen Col d'Izoard, einem Pass der höchsten Kategorie, den die Profis fürchten, weil er auf den letzten Kilometern extrem steil ist. Die ersten beiden Anstiege belauerten sich die Favoriten, blieben aber sitzen. Acht Fahrer waren ausgerissen, unter ihnen Jens Heppner vom Team Telekom. Die Gruppe durfte fahren, allerdings nicht allzu viel Vorsprung bekommen, weil Santiago Botero von Kelme zumindest noch theoretisch eine Chance auf das Gesamtklassement hatte. Der Kolumbianer lag 13:11 Minuten hinter Armstrong und nur 8:16 Minuten hinter Ullrich.

Einstieg zum Izoard, noch 14 Kilometer bis zum letzten Gipfel der Etappe. Vorne, in der Fluchtgruppe, hat Botero attackiert, fährt alleine Richtung Ziel. Im Peloton spannen sich Armstrongs Helfer vor das Feld. Das Tempo wird höher, die Gruppe immer kleiner. Zülle und Olano fallen zurück, Jan orientiert sich an Armstrongs Hinterrad, das Tempo wird noch härter. Pantani attackiert, Armstrong geht mit, dahinter halten sich Virenque und Hervé von Polti, die beiden Festinafahrer Beloki und Moreau und die Kelme-Kletterer Escartin und Heras. Jan hat Probleme, fällt zurück. Die anderen können aber ihr Tempo auch nicht halten. Giuseppe Guerini bringt seinen Chef wieder heran, Jens Heppner kommt noch aus der Fluchtgruppe dazu. Vorne muss plötzlich Lance Armstrong die Zähne zusammenbeißen. Erst hat er Pantani locker stehen lassen, jetzt fährt der Italiener wieder auf und kurz darauf die Gruppe mit allen Favoriten. Oben am Gipfel sind alle einträchtig beieinander. „Ein Rennen für nichts“, schreibt die L'Équipe am nächsten Tag. Sieben Stunden im Sattel und die Verhältnisse sind gleich geblieben. Jan ist am Abend nachdenklich. „Ich war am Maximum, mehr ging einfach nicht“, sagt er. Es reift die Erkenntnis, dass er für eine Attacke gegen Armstrong nicht die nötige Kraft hat. Und der Blick nach hinten macht auch keinen Spaß. Beloki und Moreau zeigen keine Schwäche und Pantani kommt näher. In Briançon werden jedenfalls die Ziele für Jan Ullrich neu gesteckt.

14. Juli, Nationalfeiertag, 13. Etappe von Avignon nach Draguignon in der Provence, wieder keine Verschnaufpause für das Fahrerfeld: zu hohes Tempo, zu viele Attacken, keine Massenankunft, sondern ein Ausreißer-Sieg des Spaniers Vicente Garcia-Acosta (oben). Nächster Tag, nächste Seite: eine lange Alpenetappe bis nach Briançon, mit fast 250 km, 4 Bergwertungen, 3 Pässen, auch dem Izoard, an dem die Verwitterung eine Mondlandschaft geformt hat.

Der Kampf um Platz zwei

Wenn Jan den Mann in Gelb überhaupt noch einmal attackieren will, dann hat er nur noch zwei Chancen. Eine davon tags darauf von Briançon nach Courchevel. Es geht über den Galibier, den Col de la Madeleine und am Ende 22 Kilometer hinauf zum Flugplatz von Courchevel auf 2000 Meter Höhe. Armstrong wirkt in Briançon ein bisschen müde, sieben Stunden im Sattel steckt auch der Amerikaner nicht einfach weg, aber auch Jan spürt seine Knochen. Und es ist immer noch bitter kalt – zumindest für Juli. Auf dem über 2600 Meter hohen Galibier wurden am Abend vor dem Rennen minus drei Grad gemessen, am Straßenrand liegt ein Hauch von Neuschnee, die Tour lässt vorsichtshalber Salz streuen.

FESTINA
FESTINA
SCRIGNO
Bianchi
Mercatone Uno
ALBACOM

RT

G +++ DER DOPING-SKANDAL ARMSTRONG +++

ong
n
prung

sauber! Wer
meine Probe
worden ist ...

Wurde während seiner 13jährigen Profi-Karriere häufig mit Doping-Vorwürfen konfrontiert: Lance Armstrong

Basketball
Nowitzki bereit für Supercup

Braunschweig ab heute im Basketball-Fieber. Die deutsche Nationalmannschaft beginnt das Supercup-Turnier gegen Weißrußland (18 Uhr, DSF live). Und unser Basketball-Star Dirk Nowitzki (Foto) ist dabei! Gestern abend traf Nowitzkis Entdecker und Betreuer Holger Geschwindner in Braunschweig ein. Nur einen Tag nach seiner Freilassung aus der U-Haft (Verdacht Steuerhinterziehung) sind Trainer und Star wieder zusammen.

Galopp
Lucky Strike will goldene Peitsche

Alle wichtigen Sprintrennen in Deutschland hat der siebenjährige Wallach Lucky Strike gewonnen. Nur eines noch nie: Die 1200-m-Prüfung um die Goldene Peitsche in Iffezheim. Am Sonntag versucht er es zum dritten Mal. Jockey Adrie de Vries: „Diesmal werden wir es packen."

Der Jockey aus den Nieder-

DER DOPING-SKANDAL ARMSTRO

Armstr faselt vo Verschw

Die Doping-Enthüllungen – Lance Armstrong (33) hat jetzt noch mal Stellung genommen. In der Hauptstadt Washington, bei seinem Sponsor und Rennstall Discovery Channel, anläßlich der Ehrung für seine sieben Tour-Siege...

Armstrong zu den sechs positiven B-Proben von 1999 mit EPO-Spuren: „Es gab sieben Jahre lang A- und B-Proben. Alle waren negativ. Ich garantiere, daß auch 1999 kein EPO in meinem Körper war bei Abgabe der Proben. Das ist absurd."

ist eine reine Hexenjagd. Es gibt Leute, die würden Lance alles antun. Aber wir haben schon viele Anschuldigungen durchgestanden."

Armstrong vermutet eine gezielte Aktion, sein Image zu schädigen: „Schließ-

„Ich war '
weiß, wi
behande

verband gehört

Aber der höchste Pass der Tour bringt dieses Mal nicht die Entscheidung. Das Feld rollt von der leichteren Seite via Lautaret über den Gipfel, außerdem kommen danach noch zwei schwere Anstiege. Die Entscheidung der Tour 2000 fällt hinauf nach Courchevel. Angezettelt wieder einmal von Marco Pantani, der in den Alpen seine sportliche Wiederauferstehung feiert. Der Pirat tritt an und nur Lance Armstrong kann ihm folgen – zumindest eine Zeit, bis auch er ihn ziehen lassen muss. Hinter den beiden wird die Spitzengruppe zerrissen, Jan fällt nach hinten raus – und diesmal kommt er nicht mehr zurück. Er müht sich verzweifelt, doch Virenque und Hervé und vor allem die Festinafahrer Beloki und Moreau kämpfen wie besessen um Platz zwei. Jan kommt noch einmal auf 20 Sekunden an die Gruppe heran, fällt am Ende aber doch wieder zurück und verliert 55 Sekunden auf den Dritten Joseba Beloki. Gerade noch zwei Sekunden rettet er vor dem stolzen Basken in den Ruhetag. Zwei Sekunden – das ist nichts. Und auch von Pantani trennen ihn nur noch gut eineinhalb Minuten.

In Courchevel herrscht ein wenig Kampfstimmung. Die Konkurrenz sieht, dass der Gewinner von 1997 angreifbar ist. „Ullrich fehlt einfach die Kraft", sagt Christophe Moreau. Jan selbst räumt ein, dass er Probleme mit dem Rhythmuswechsel hat. Aber er bleibt gelassen, will sich nicht anstecken lassen. Und er pocht darauf, dass er zufrieden ist und das auch sein darf. Auch jetzt noch. „Zwei Wochen vor der Tour haben doch viele gedacht, ich werde in Frankreich gar nicht am Start sein. Jetzt bin ich Zweiter, da kann ich doch zu Recht froh sein. Und ich bin es auch", sagt er am Ruhetag. „Ich will nicht den Kopf in den Sand stecken, nur weil einige meinen, ich müsste das jetzt tun." Jan weiß selbst um seine Probleme im Winter und um seine Fehler in der Vorbereitung. „Es ist ganz klar", sagt er, „dass mit meinem Übergewicht darf mir nicht mehr passieren. Ich muss umdenken, wenn ich die Tour noch einmal gewinnen will. Aber jetzt kann ich nichts mehr ändern, die Tour läuft und sie läuft nicht schlecht für mich. Ich kann nur versuchen, besser über den nächsten Winter zu kommen. Jetzt nützt mir das nichts mehr."

Stimmt, die Tour ist in Courchevel entschieden – Armstrong hat über sieben Minuten Vorsprung und kann nur noch durch Krankheit oder einen Sturz gebremst werden. Davor hat der Texaner zwar ein bisschen Angst, aber er sagt selbst: „Wenn ich nach den Alpen noch den gleichen Vorsprung wie jetzt habe, wird es schwer, mir das Gelbe Trikot noch einmal auszuziehen." Aber hinter ihm wird es noch einmal richtig spannend. „So leicht", sagt Beloki, „hängt man einen Basken wie mich nicht ab." Eine Kampfansage an Jan Ullrich vor der finalen Alpenetappe. 196 Kilometer von Courchevel nach Morzine, fünf Pässe und am Ende wartet der Col de Joux Plane, den Lance Armstrong vor dem Start zum schwersten Berg der Tour 2000 erklärt hat. Jan nimmt es gelassen. „Klar, alle, die noch eine Chance auf Platz zwei haben, werden nicht auf mich warten,

Am Izoard konnte sich Santiago Botero aus Kolumbien (oben) so deutlich von der Konkurrenz absetzen, dass er im Ziel in Briançon einen glänzenden Tagessieg feierte. Rund 8 Stunden harte Arbeit bedeutete diese Etappe, selbst Lance Armstrong (rechts) zeigte sich am letzten langen Anstieg nicht mehr ganz so unbeeindruckt wie in den Tagen zuvor. Noch höher hinauf ging es am 16. Juli, als der Col du Galibier (2645 m) überklettert wurde (nächste Seite).

wenn ich Probleme bekomme. Aber ich werde auch noch einmal alles geben und bisher hatte ich noch keinen richtig schlechten Tag wie 1998, als ich auf einen Schlag neun Minuten verlor. Das darf natürlich nicht passieren."

Wenn die alte Weisheit „in der Ruhe liegt die Kraft" Gültigkeit hat, wird Jan keine Probleme bekommen. Er ist nicht nervös, er lässt sich am Ruhetag mit dem Auto ins Tal fahren, rollt sich locker mit einem leichten Training die Müdigkeit aus den Knochen und genießt anschließend, was ihm bei der Tour am meisten Spaß macht – eine ausgiebige Massage bei „Eule" Ruthenberg. Er ist bereit, für die letzte große Alpenetappe – und jetzt freut er sich erst einmal auf seinen Ruhetag.

Wobei das Wort Ruhetag eigentlich Hohn ist. Um das Hotel der Mannschaft wuselt es, in der Lobby geht es zu wie im Frankfurter Hauptbahnhof. Neben Telekom wohnen noch drei Teams hier auf 1850 Meter Höhe, darunter mit Banesto und Mapei zwei große Mannschaften. Entsprechend ist der Trubel, selbst die Mechaniker müssen den Raum um den Servicewagen mit Banderolen absperren, weil sie sonst nicht arbeiten könnten. Sommertouristen, Autogrammjäger, Journalisten, Fotografen – es brummt im und ums Hotel und wer von den Profis Ruhe haben will, der muss schon in seinem Zimmer bleiben. Das ist auch nicht jedermanns Ding. Jan Ullrich kann aber abschalten. „Ich hoffe schon, dass es morgen noch einmal gut läuft."

Außer dem Galibier und dem „nur“ knapp 2000 Meter hohen Col de la Madeleine mit einer „heißen“ Abfahrt wartete zum Schluss eines arbeitsreichen Sonntags die Bergankunft in Courchevel auf die teils doch recht zermürbten Fahrer. Die besten meisterten auch das noch, so Jan Ullrich (ganz oben) und Santiago Botero (oben); einer jedoch schlug sie alle in beeindruckender Manier: Marco Pantani, der damit seinen zweiten Tagessieg errang.

asics

TRÄUME BEI DER TOUR

Wie viele Fans gäben etwas darum, könnten sie die Gedanken von Jan Ullrich und Erik Zabel lesen ...

Nie wieder Tour de France, es reicht. Jedes Jahr so um den 20. Juli herum das gleiche Spiel. Nach 21 Etappen quer durch Frankreich hat jeder normale Mensch, der das Rennen begleitet, genug von der Grand Boucle, genug von zu weichen Matratzen in schlechten Hotels, genug von Staus und Hitze oder auch von Regen und Kälte in den Bergen – je nachdem. Die Profis haben die Nase voll vom Rennrhythmus, von der Trennung von ihrer Familie und vor allem von Spaghetti, Müsli und Elektrolytsäftchen. Davor gibt es nur die Träume, endlich gesund in Paris absteigen zu können. Jan Ullrich träumt vom Finale auf den Champs-Élysées, Erik Zabel davon, endlich wieder seine Familie zu sehen. Manchmal sehnt sich einer nach ganz bodenständigen Dingen. Jan Ullrichs Zimmerkollege Jens Heppner träumt bei der Tour schon mal von einem Big Mäc bei McDonalds, was nach drei Wochen eintöniger Kohlehydratmast nur zu verständlich ist. Letztlich ist es die Sehnsucht nach dem ganz normalen Leben, die sich bei der Tour langsam aufbaut. Das Rennen frisst einen auf, die Tour ist ein Moloch, dein Tag ausgefüllt vom Wecken bis zum Schlafengehen. Du träumst von ein bisschen Zeit. „Meine Freundin", sagt Jan Ullrich, „sehe ich bei der Tour vielleicht zwei-, dreimal ein paar Minuten." Ganz ähnlich läuft es bei Erik Zabel. „Es ist bewundernswert, wie meine Frau das mitmacht", sagt er, „wir können zwischen Massage und Abendessen vielleicht einmal zehn Minuten zusammen einen Kaffee trinken – mehr geht nicht. Und auch das nur, wenn es in den Zeitplan passt." Zum Glück gibt es Handys.

Die Tour lässt fast keinen Raum für Privates. Und auch keinen für Schwärmereien. Jan Ullrich liegt jedenfalls nachts nicht wach im Bett und schwärmt ein bisschen von der Siegerehrung in Paris. „Während dem Rennen denkst du immer nur: Wie weit ist es noch, was kann noch alles passieren? Bei meinem Sieg 1997 war ich selbst vor der letzten Etappe, als eigentlich gar nichts mehr schief gehen konnte, noch ein kleines bisschen skeptisch. Und die Tage davor sowieso." Zweckpessimismus, der die Sinne wach hält und vor Leichtsinn schützt. Denn passiert ist in der Tat schnell etwas. Erik Zabel ist während der Tour auch eher kühl drauf. Abends ein bisschen fernsehen, die Daten aus dem Radcomputer analysieren, im Etappenplan gucken, wo am nächsten Tag die Punkte für das Grüne Trikot vergeben werden. – „Träumen", sagt Erik, „kann ich dann wieder zu Hause."

Canon

Jan Ullrichs Konter

Am nächsten Morgen ist endlich der Sommer zur Tour zurückgekehrt. Für Jan beginnt ein wichtiger Tag in seiner Karriere, ein Tag, an dem er sich beweisen muss und an dem er sich beweisen will. Sein Name als Rennfahrer steht auf dem Spiel, seine Reputation. Er weiß das, aber die Form ist während einer Tour kaum noch zu steigern. Und das Rennen heute steht eigentlich unter dem Zeichen eines Zweikampfs. Marco Pantani hatte sich am Ruhetag ein wenig abfällig über Lance Armstrong geäußert. Der Italiener muss sich geärgert haben, weil Armstrong ihm den Sieg auf dem Ventoux überlassen hat. Das sei arrogant, typisch Ami eben, sagte Pantani im Fernsehen. Und das lässt Lance den Kamm schwellen. Der Texaner redet nur noch vom „Elefantino“ und will Revanche auf der Straße. „Jetzt kämpfe ich doch um einen Etappensieg“, kündigt Armstrong in Courchevel an.

Keine schöne Aussichten für Jan. Bei so einem Zweikampf kann er ganz leicht unter Druck kommen, zerrieben im Duell der besten Bergfahrer der Tour 2000. Und die Männer von Festina mit Beloki und Moreau wollen auch angreifen, haben sie wenigstens gesagt. Die ersten 50 Kilometer herrscht noch Friede, das Feld rollt bergab nach Albertville, aber schon am ersten Anstieg zum Col des Saisies greift Pantani an. Die Hände unten am Lenker tritt er im Stehen an. Ein paar andere springen mit, aber der Pirat schüttelt sie ab wie lästige Mücken. Armstrong steigt nicht hinterher, der Souverän wirkt ein wenig müde. Lance hat die Sonnenbrille nach oben geschoben, hinter ihm fahren mit Pokerface und der Sonnenbrille als Visier Beloki, Moreau und Jan, der sich keine Blöße gibt und ruhig die 15 Kilometer Passstraße nach oben rollt. Pantani hat an der ersten von fünf Bergwertungen eine Minute Vorsprung – noch ist Jan auf Platz zwei, aber Pantani fehlen nur noch 37 Sekunden auf Jan. Und er hat noch 116 Kilometer Zeit, diesen Rückstand aufzuholen.

Auf der Abfahrt vom Saisies schließen Pascal Hervé und Fernando Escartin zu Pantani auf. Die drei fahren zusammen, erreichen gemeinsam den Col des Aravis – Ullrichs Vorsprung auf Pantani ist auf knapp 15 Sekunden geschmolzen. 72 Kilometer vor dem Ziel ist Pantani sogar an Ullrich vorbei. Hinten macht US Postal Tempo für Lance Armstrong, Jan fährt direkt dahinter und hat heute drei Helfer in der Spitzengruppe. Udo Bölts und Giuseppe Guerini schützen ihren Chef, Alexander Winokurow versucht es wenigstens ein bisschen. Die Gruppe läuft gut, hinauf zum Col de la Colombière kommen die Verfolger Pantani näher. Telekom fährt zwar defensiv, aber auf dem Gipfel hat Jan seinen zweiten Platz wieder – noch 65 Kilometer bis ins Ziel.

Aber es sollte keine Ruhe geben, nicht mal auf der Abfahrt. Christophe Moreau greift bei Tempo 60 bergab an. Der Franzose liegt nur 56 Sekunden hinter Ullrich, die vier Telekomfahrer dürfen ihn nicht ziehen lassen, aber Moreau kämpft, als ginge es um einen Weltmeistertitel. Er schafft den Anschluss an die drei Spitzenreiter. Wenig später aber führt der T-Zug Jan und auch Armstrong wieder an die Ausreißer heran. 50 Kilometer vor dem Ziel sind alle wieder zusammen, aber es warten noch zwei Berge, die letzten Härteprüfungen der Tour de France 2000.

Die Côte de Châtillon-sur-Cluses ist nur das Hors d'oeuvre für den letzten Hammerberg der Alpen, den Col de Joux Plane. 11,8 Kilometer mit durchschnittlich 8,5 Prozent – es darf noch einmal heftig gelitten werden. Und dieser letzte Anstieg wird zur spannendsten Stunde der Tour. Drei Fahrer waren ausgerissen, hatten bis zu zwei Minuten Vorsprung, aber die drei wissen, dass sie sich nur ein bisschen in Szene setzen dürfen, hinter ihnen ordnen sich die Favoriten zum

Seite zuvor: Jeder Ausreißer träumt davon, alleine ins Ziel zu kommen. – Kein Traum, sondern härteste Arbeit war die 16. Etappe am 18.7. Der Col de Joux Plane als letzter Anstieg von fünf verlangte den Fahrern alles ab; von ganz links Francisco Mancebo und Javier Otxoa, rechts dann Didier Rous, Lance Armstrong und Richard Virenque.

Showdown in den Alpen. Und der beginnt mit einer Sensation. Marco Pantani, der noch zwei Tage zuvor alle versenkt hatte, kann als Erster das Tempo nicht mehr halten. Lance Armstrongs Helfer drücken aufs Tempo und der „rosarote Panther" geht fliegen. Armstrongs Helfer sind leer, der Chef übernimmt das Kommando, verschärft das Tempo. Sofort zieht sich das Feld in die Länge. „Bis hierhin hatte ich zum Glück viel Kraft sparen können", erzählt Jan Ullrich, „aber dann wurde es gnadenlos." Christophe Moreau, der Ullrich heute angreifen will, muss abreißen lassen. Kurz danach sein Teamkamerad Joseba Beloki, der nur zwei Sekunden hinter Jan liegt. Armstrong hat nach zwei Kilometern fast alle abgeschüttelt. Nur Richard Virenque und Roberto Heras bleiben dran. Jan kämpft sich wieder heran, auch er ist kurz abgehängt worden. Heras attackiert, die anderen drei fallen zurück. Jan beißt, sein Gesicht ist verzerrt, immer wieder schaut er zurück. Wo ist Beloki, wo Moreau? Und plötzlich zeigt Armstrong eine kleine Schwäche. Der Souverän leidet, sein Tritt ist nicht mehr flüssig, er stampft die kleinen Gänge, seine Eleganz ist weg. Der Mann im Gelben Trikot kann Jan nicht mehr folgen, „ich hatte einfach keine Energie mehr", wird er hinterher sagen. Die Menschen an der Straße schreien auf, sie haben feine Antennen für ungewöhnliche Momente. Und das hier könnte einer werden. Fängt sich Armstrong wieder – oder bricht er völlig ein?

Jan hat jedenfalls noch Energie. Am Joux Plane meldet er sich zurück in der absoluten Weltspitze. Zusammen mit Virenque geht er auf die Verfolgung von Heras, plötzlich attackiert der Franzose, der schon fünfmal bester Bergfahrer der Tour war. Jan fällt zurück, beißt aber weiter. Drei Kilometer vor dem Gipfel ist das Feld sortiert. Virenque und Heras gemeinsam an der Spitze, etwa 25 Sekunden dahinter Jan, der seinen Vorsprung auf Armstrong weiter ausbaut. Der Amerikaner quält sich, „es war der härteste Moment meines Lebens als Radprofi", ächzt er im Ziel. Aber alle, die jetzt noch um den Sieg und die Zeit kämpfen, sind an ihrem persönlichen Limit. Sie kämpfen nicht nur gegen den Berg, sondern auch gegen die süße Versuchung, einfach ein klein bisschen nachzulassen. „Es war brutal", sagt Jan, „aber es tat auch gut, als ich merkte, dass ich meinen zweiten Platz sichern kann. In Courchevel ist die Konkurrenz mir auf den Pelz gerückt und ich musste mich für meinen zweiten Platz verteidigen, in Morzine hatte ich zum Glück genug Kraft für einen Konter. Es war auch gut, dass ich nicht jeden Tempowechsel mitgegangen bin. Ich bin auch im Finale mein Tempo gefahren, die letzten fünf Kilometer waren aber so ziemlich das Härteste, was ich bisher erlebt habe."

Viel hat nicht gefehlt, und der Konter hätte zum Etappensieg gereicht. Jan liegt nur etwa 20 Sekunden hinter den beiden, wenn er auf der Abfahrt aufschließen kann, wird es eng für Virenque und Heras, die in der Ebene nicht die Wattzahl eines Jan Ullrich aufs Pedal bringen können. Auf dem letzten Kilometer hätte Jan sicher den härtesten Tritt. Aber er muss auf dem Gipfel erst noch das Velo wechseln. „Meine Bremsgummis waren total abgefahren, es wäre zu gefährlich gewesen, damit nach Morzine zu rasen", erklärt er. Der Wechsel dauert kostbare Sekunden, Walter Godefroot schiebt Jan zwar noch kräftig an, aber auf der zehn Kilometer langen Abfahrt ist das Loch einfach nicht mehr zu schließen. Es ist eine Hatz am Limit, jeder verbremst sich mehrmals, ist kurz vor einem Sturz. Ein verdammt gefährliches Spiel mit der Gesundheit, zwei Kilometer vor dem Ziel kracht denn auch Heras nach einem Steuerfehler in die Absperrgitter und muss Jan vorbei lassen. Virenque gewinnt, 24 Sekunden dahinter kommt Jan ins Ziel von Morzine. Er ist gezeichnet von der Strapaze, aber innerlich erfrischt. Der 18. Juli ist sein Tag, sein Signal, dass

Radio &
adidas

er als Leistungssportler noch lange nicht am Ende ist. 24 Stunden nach seiner Selbstkritik zeigt er auch als Athlet Größe. Sein zweiter Platz ist jedenfalls zementiert, Beloki und Moreau konnten nicht angreifen und Pantani, der vor ein paar Stunden noch an Ullrich vorbei war, kommt mit 13:44 Minuten Rückstand ins Ziel. Der Pirat ist geplatzt. Sein Körper streikt, anderntags tritt er zur Etappe nach Lausanne nicht mehr an.

Lance Armstrong schlüpft müde ins Gelbe Trikot. Er hat es jetzt schon sieben Tage auf seinen Schultern, aber heute hat er gespürt, dass einer daran gezupft hat. Lance bleiben noch 5:37 Minuten vor Jan. Normalerweise ist das nicht mehr aufzuholen. Aber was ist schon normal bei der Tour de France? Und außerdem ist es endlich Sommer geworden. Ullrich-Wetter, leider ein paar Tage zu spät. Noch 852 Kilometer bis Paris.

Ob wohl Masseur Dieter („Eule") Ruthenberg (oben links) und Telekom-Pressesprecher Olaf Ludwig Jan Ullrich am Ruhetag in Courchevel mit zu seiner öffentlich geäußerten Selbstkritik bewogen haben? Jedenfalls zeigte der auf der 16. Etappe eine Glanzleistung, konnte Armstrong das Gelbe Trikot zwar nicht streitig machen (ganz oben), wurde aber in Morzine Zweiter – hinter dem unermüdlichen Richard Virenque (oben).

Raus aus den Alpen

Erik Zabel beendet die Berge – „mit dem Prinzip Hoffnung, dass sich für mich noch eine Chance ergibt." Erik ist nicht der Typ, der lautstark Unterstützung fordert. Aber er möchte ihn natürlich unbedingt haben, den ersten Etappensieg seit Pau 1997. „Ich habe seit ein paar Tagen auch wieder verdammt viel Spaß daran, die Tour zu fahren", erklärt er in Morzine. Erik ist gut über die Berge gekommen, „so gut wie noch nie", wie er sagt. Die Frage ist nur – wo setzt sich das Team für ihn ein. Ideal wäre natürlich die Etappe nach Freiburg, aber die ist fast 250 Kilometer lang, für Telekom hieße das eine extreme Schinderei, das Feld über diese Distanz zu kontrollieren. Da ist der Ritt von Evian-les-Bains nach Lausanne um den Genfer See besser. 155 Kilometer, nur ein schwerer Berg, ein flacher Zielsprint, nach einem kurzen, aber steilen Anstieg kurz davor – das ideale Gelände für Erik. Bei der Besprechung ist dann auch klar: Die Mannschaft wird versuchen, ihm diesen Gefallen zu tun. Bölts, Elli, Fagnini und Guerini fahren das Feld 13 Kilometer vor dem Ziel wieder an eine Ausreißergruppe heran, am Ende stemmen sich auch noch Jan Ullrich und Alexander Winokurow für Erik in den Wind, aber Erik Dekker setzt zusammen mit Mario Aerts im rechten Moment die Attacke.

Dekker rettet sich knapp ins Ziel, gewinnt seine dritte Etappe, der vierte Tagessieg für Rabobank. Erik bleibt wieder nur Platz zwei. Vielleicht hatte das Team die Ausreißer ein bisschen zu früh gestellt, aber das ist an so einem Tag nur Theorie. „Es war wohl auch nicht ganz optimal, dass Winokurow am letzten Anstieg noch einmal mitgesprungen ist", sagt Zabel, „er hätte lieber bei mir bleiben sollen, aber das ist nur ein winziges Detail." Stimmt, es war knapp, aber es hat eben wieder nicht gereicht, manchmal ist Radsport grausam. Erik ist seinen Sprint perfekt gefahren, aber es war leider noch einer vor ihm. C'est la vie. „Erik Dekker hat jetzt drei Etappen im Stile eines Jan Raas gewonnen. Schön für ihn, ein bisschen tragisch für mich, aber ich kann es nicht ändern", sagt Erik. „Für mich ist es wichtig, den Mut nicht zu verlieren. Ich will es immer wieder versuchen, jeden Tag aufs Neue, auch wenn das jetzt natürlich komisch klingt. Aber nur so funktioniert es. Denn wenn du den Glauben an dich verlierst, kannst du gleich aufhören." Und davon ist er weit entfernt, auch wenn ihn die Etappe nach Lausanne furchtbar geärgert hat. Aber äußerlich bewahrt er die Fassung, das ist Pflicht für einen Profi. Nach der täglichen Ehrung für den Träger des Grünen Trikots drückt er Masseur „Eule" den obligatorischen Blumenstrauß in die Hand und bahnt sich seinen Weg durch die Zuschauer zum Wohnmobil. Viele Fans aus Deutschland sind da, Sommerurlauber, und alle jubeln Erik zu. Der lächelt, aber es wirkt ein wenig gequält. Es hätte sein Tag werden können, ja eigentlich müssen. Aber alles Hätte, Wenn und Aber nützt nichts – er war es nicht. Erik ödet es immer mehr an, ein tägliches Bulletin zu verfassen, warum es wieder nicht geklappt hat. Wer heute sein Blut zum Wallen bringen will, der fragt, ob er jetzt eine „Zielstrich-Phobie" habe. Hat Erik natürlich nicht, den Sprint hat er ja gewonnen.

Trotzdem kann Erik Zabel mit seiner Tour zufrieden sein, das Grüne Trikot wird ihm keiner mehr von den Schultern reißen, das fünfte in Folge. Für Erik ist das eine Bestätigung, aber kein richtiger Trost. „Du fängst schon an zu zweifeln, überlegst dir, ob du etwas falsch machst oder doch etwas ändern musst", sagt er. Irgendwann sei ihm aber die Erkenntnis gekommen, dass es für ihn zu seiner momentanen Situation nur eine Alternative gäbe – „die Tour überhaupt nicht zu fahren, aber das will ich auch nicht." Es hat ihm verdammt wehgetan, dreimal im Spurt gegen Sprintkollegen zu verlieren. Besonders gegen Marcel Wüst. „So hat sich sicher auch Boris Becker gefühlt, als Stich im Finale von Wimbledon gegen ihn gewonnen hat. Aber vielleicht habe ich das auch gebraucht, danach habe ich wieder den richtigen Kick für die Tour bekommen."

So ein Erfolgserlebnis wäre verdammt wichtig gewesen für einen, der im Grunde seines Herzens ein Pessimist ist – was

den Sport angeht. Erik grübelt viel darüber nach, was alles schief gehen könnte. Vor den Bergetappen drückt ihn das Zeitlimit, obwohl dort, wo er fährt, das nie ein Thema ist. Zweifel plagen ihn auch jedes Jahr am Ende der Tour in Paris. „Ich denke mir immer: hoffentlich ist das nicht das letzte Mal, dass du hier oben stehst und deshalb genieße ich diese Momente auch besonders intensiv." In diesem Jahr zum fünften Mal. Das

ist schon am Genfer See so gut wie sicher und am nächsten Tag in Freiburg definitiv. Das Grüne Trikot kann er nur noch verlieren, wenn er vor Paris aussteigt. Aber reicht es noch zu einem Etappensieg?

Am Tag nach dem dramatischen Geschehen am Col de Joux Plane und in Morzine stand mit dem Col des Mosses (1445 m) östlich des Genfer Sees auch in den Schweizer Alpen ein durchaus ernst zu nehmender Berg dem Fahrerfeld im Weg. Über Gruyères und Bulle rollten die verbliebenen 130 Fahrer wieder an den Genfer See, wo in Lausanne auf verwinkeltem, hügeligem Stadtkurs Erik Dekker sein dritter Tagessieg gelang – mit einem beherzten Vorstoß 4 Kilometer vor dem Ziel der 155 Kilometer langen 17. Etappe.
Foto: Jürgen Burkhardt, Leinfelden-Echterdingen

Der Auftrieb im Breisgau

Die Tour kommt – und Südbaden steht Kopf. Selbst langgediente Tourexperten können sich kaum erinnern, im Flachland so viele Zuschauer gesehen zu haben. Mindestens 1,5 Millionen sollen es auf den 76 Kilometern auf deutschem Boden zwischen Rheinfelden und der Freiburger Messe gewesen sein. Achterreihen am Straßenrand, auf jeder Brücke Menschentrauben, Feuerwerk, unzählige Feste am Rand der Straße – „so was kenne ich nur von Alpe d'Huez", sagt Jan Ullrich zum Empfang in seiner Wahlheimat, der auch im Gelben Trikot nicht herzlicher hätte sein können, das ist sicher. Der Breisgau im Radfieber – auch die Tour-Organisatoren sind beeindruckt von der Begeisterung beim zweitägigen Gastspiel in Deutschland und verleihen Freiburg das Gelbe Trikot für die beste Organisation. Und das liegt sicher nicht am perfekten Wetter in Deutschlands „Wärmstube".

Aber das ist noch das Tüpfelchen auf dem i – endlich ein richtiger Sommertag bei der Tour und die L'Equipe spendet Beifall. „76 Kilometer Alpe d'Huez in Deutschland", schreibt anderntags das Zentralorgan des Radsports. Kein Widerspruch, Chapeau Freiburg. Die Leute feiern – bis in den frühen Morgen, auch wenn es sportlich nicht nach Wunsch gelaufen ist. Natürlich wollten die Leute zu gerne einen deutschen

Frühstückslektüre im Tour-Dorf vor dem Start (ganz oben). Es „glühen die Drähte", wenn die Fotografen und die Berichterstatter mit moderner Technik ihre Bilder und Texte in alle Welt schicken (links). „Didi" Senft, der freundliche Teufel mit dem Riesen-Rad, feuert stets 10 Kilometer vor dem Ziel an, hier am Genfer See (rechts). Auf der Etappe von Lausanne nach Freiburg lösten sich rund 40 Kilometer vor dem Ziel aus einer 5er-Gruppe der Italiener Commesso und der Kasache Winokurow ab, lieferten sich einen Zielsprint mit allen Finessen, in dem schließlich das Kraftpaket Salvatore Commesso (ganz rechts) die Oberhand behielt. (Fotos re. o. ganz re.: Jürgen Burkhardt, Leinfelden-Echterdingen)

FIAT
CREDIT LYONNAIS
AGF
217 CJF 92
Champion

LUK
LE TOUR DE FRANCE

CREDIT LYONNAIS
CL

Etappensieger sehen, am besten natürlich Jan Ullrich, aber das ist einen Tag vor dem Zeitfahren nicht zu erwarten. Auch eine Massenankunft ist auf der langen Etappe über 246,5 Kilometer unwahrscheinlich. Dass aber schon der erste Ausreißversuch erfolgreich sein würde, konnte auch keiner ahnen. Schon drei Kilometer nach dem Start in Lausanne sind fünf Mann auf und davon gefahren, unter ihnen Jens Voigt und Alexander Winokurow vom Team Telekom. Der Kasache setzt sich etwa 40 Kilometer vor dem Ziel noch mit Salvatore Commesso von den anderen drei ab, schaltet beim Sprint im Freiburg aber noch einen Gang hoch und vergibt damit den Sieg – zumindest sieht es Rudy Pevenage so. Es ist der dritte zweite Platz nacheinander. Jan in Morzine, dann Erik in Lausanne und jetzt eben Alexander Winokurow in Freiburg.

Die Stadt feiert trotzdem ein rauschendes Fest, bis in die frühen Morgenstunden. Jan und Erik hätten sicher gerne mitgemacht, aber die Tour ist noch nicht in Paris und vor allen für Jan geht es am nächsten Tag beim Zeitfahren über 58,5 Kilometer nach Mulhouse um den Etappensieg. „Ich greife noch einmal an“, ruft er den Fans von der Fernsehtribüne auf dem Münsterplatz zu. Der Beifall lässt beinahe das alte Münster wackeln ...

Von Lausanne nach Freiburg im Breisgau über 246,5 Kilometer ging es durch das Schweizer Seenland, am Unteren Hauenstein (691 m) über den Schweizer Jura, in der schweizerisch-deutschen Doppelstadt Rheinfelden über die Rheinbrücke und damit ein langes Stück durch Südbaden. Das Terrain war wie geschaffen für eine Ausreißergruppe: Jacky Durand lancierte den Vorstoß kurz nach dem Start, Jens Voigt, Jean-Cyril Robin, Salvatore Commesso und Alexander Winokurow sprangen mit und fuhren bis zu 25 Minuten Vorsprung heraus. Im Feld keinerlei Anstalten, den Ausreißern nachzusetzen, so blieb Erik Zabel erneut der Sprint des Hauptfelds, für das Grüne Trikot weiter Punkte zu sammeln (links) – was er auch tat.

Oben: Man geht von mindestens 1,5, vielleicht sogar bis zu 2 Millionen Zuschauern aus, die am 20. und 21. Juli zwischen Rheinfelden am Hochrhein, Freiburg und Neuenburg entlang den südbadischen Straßen den Fahrern zujubelten.
Auch Ministerpräsident Erwin Teufel ließ es sich nicht nehmen, in Freiburg Lance Armstrong höchstpersönlich zur Verteidigung des Gelben Trikots zu gratulieren.

HEW
HEW
PINARELLO
PINARELLO

Showdown gegen die Uhr

Wer die Disziplin des Einzelzeitfahrens besonders gut beherrscht, zählt immer zu den Favoriten bei den großen Landesrundfahrten: Jacques Anquetil, Eddy Merckx oder Bernard Hinault machten das in der Vergangenheit vor, Greg LeMond oder Miguel Indurain bis vor wenigen Jahren – und in der Gegenwart Lance Armstrong, Alex Zülle und natürlich Jan Ullrich.

Richard Virenque steht sicher nicht unter dem Verdacht, ein besonders guter Freund von Jan Ullrich zu sein. Aber Leistung anerkennt er, es mangelt ihm nicht an Respekt, und so geht er an diesem 18. Juli 1997 lieber in die Offensive. Es bleibt ihm auch kaum etwas anderes übrig, so kurz nach einer seiner bittersten Niederlagen. Das war schon die Höchststrafe für Virenque – Jan überholt ihn, zehn Kilometer vor dem Ziel des Bergzeitfahrens rund um St. Étienne sind Virenques drei Minuten Startvorgabe aufgebraucht. Jan Ullrich tritt einen wahnsinnig dicken Gang, Richard Virenque hat Mühe, seinen Konkurrenten wenigstens noch auf Sichtweite zu halten. „Das gibt es doch gar nicht", stöhnt der Kapitän des Festina-Teams im Ziel, „ich hatte einen guten Rhythmus, war absolut am Limit, aber Jan war einfach unglaublich." Stimmt schon, der Mann im Trikot des besten Bergfahrers ist gut unterwegs, erreicht das Ziel sogar vier Sekunden schneller als Bjarne Riis, der sich an diesem Morgen zumindest noch eine klitzekleine Chance gegeben hat, selbst die Tour zu gewinnen, also sicher nicht locker gefahren ist. Aber beim Kampf gegen die Uhr ist Ullrich eine Klasse für sich. Lässt man den Prolog außer Acht, hat er fünf von sechs Zeitfahren bei seinen ersten drei Teilnahmen bei der Tour gewonnen, er ist amtierender Weltmeister und er gehört Ende September in Sydney zu den großen Favoriten für die auch unter Profis stets begehrte olympische Goldmedaille.

Jan Ullrich ist ein überragender Zeitfahrer: 1994 war er, noch als Amateur, Dritter bei der WM – es siegte der Profi Chris Boardman, die Erfolge bei der Tour de France beruhen auf seinen speziellen Fähigkeiten, und im Oktober 1999 wurde er in Verona Zeitfahr-Weltmeister (links) – Dritter wurde Boardman.

Bei der Tour entscheidet oft die Form im Kampf gegen die Uhr über den Gesamtsieg. Eigentlich eine seltsame Konstellation. Die Tour ist ein klassisches Mannschaftsrennen, niemand kann sie gewinnen ohne die Hilfe eines Teams, ohne den bedingungslosen Einsatz von Wasserträgern, die sich bis zur Selbstaufgabe in den Wind stemmen, um die Kräfte des Chefs so lange es irgendwie geht zu schonen. Beim Zeitfahren müssen die Männer im Rampenlicht aber alleine ran. An zwei Tagen bei der Tour sind auch die Helfer ein bisschen König. Natürlich, alle Profis müssen sich ordentlich verkaufen und aufpassen, dass sie nicht aus dem Zeitlimit purzeln. Der Kampf gegen die Uhr ist keine sommerliche Promenadenfahrt. Ob aber ein Wasserträger beim Contre la montre drei oder sechs Minuten im Gesamtklassement verliert, das ist wirklich egal. Und während die Chefs noch wie nervöse Rennpferde hinter der Startrampe ihre Muskeln lockern, liegen die Helfer schon im Hotel auf der Massagebank und schauen sich später ganz gelöst im Fernsehen an, wie sich ihre Kapitäne das Herz aus dem Leib fahren.

Der Helfer hat Ruh', der Chef Atemnot. Zeitfahren am Limit erfordert brutale Härte gegen sich selbst und die Fähigkeit, Schmerzen zu ignorieren, in eine Art Kontemplation zu verfallen, ohne dabei den Überblick zu verlieren. Jan Ullrich mag diesen Kampf gegen sich selbst. Und am liebsten hat er dabei seine Ruhe. „Ich könnte es wirklich nicht leiden, wenn dauernd einer hinter mir herfährt und brüllt, wie das Manolo Saiz immer bei Olano macht. Da würde ich Krämpfe kriegen. Ich möchte so wenig wie möglich wissen, Rudy Pevenage spricht nur mit mir, wenn es absolut nötig ist." Meistens könnte er ihm eh nur seinen Vorsprung vermelden – und das muss nicht sein.

Zeitfahren heißt für Jan Ullrich immer am Limit zu bleiben, auf dem schmalen Grat zwischen geht gerade noch und geht nicht mehr zu balancieren. Zu früh überdrehen hat fatale Folgen, weil dann plötzlich gar nichts mehr geht. Und mit zu wenig Druck ist ein Sieg nicht möglich. „Ich versuche immer, an Kuppen mit Megadruck drüberzufahren und wenn es dahinter ein klein wenig abwärts geht, minimal rauszunehmen, um mich ein bisschen zu erholen", erklärt Jan, „bei Zeitfahren versuche ich auch, immer die gleiche Kurbelumdrehung zu fahren." Und die nötige Motivation holt er sich durch „Auffahren auf den Gegner" – was ihm ja meistens gelingt.

Zeitfahren sind auch Materialschlachten. Ullrich sitzt auf einer Art Schlachtross mit Schaltung, einer Einzelanfertigung von Pinarello, das Modell von 1997 sah ein bisschen aus wie ein Kleiderbügel eines Avantgarde-Designers, das von 2000 wieder mehr wie ein normales Rennrad. In jedem Fall sitzt man darauf abenteuerlich. Die Armschalen am Lenker liegen 18 Zentimeter unter dem Sattelniveau, der Fahrer liegt auf dem High-Tech-Velo wie Supermann kurz vor dem Start. Bequem ist diese tief gebückte Haltung jedenfalls nicht, schon gar nicht, wenn man dann noch eine 54 x 11-Übersetzung in Schwung halten soll. Jan Ullrich kann das – und ihm ist es salopp gesagt ziemlich egal, auf was für einem Rad er sitzt. „Ich bin kein Materialfetischist", sagt er, „darum kümmere ich mich überhaupt nicht. Ich stelle mir das Rad auch selbst

ein, ganz nach Gefühl. Und ich gehe auch nicht gleich kaputt, wenn die Sattelhöhe mal um zwei, drei Millimeter nicht stimmt. Ich merke das zwar schon, aber ich mach' mir deswegen nicht gleich in die Hose. Bjarne Riis ist früher schon im Training nur das allerbeste Material gefahren. Ich nehme da lieber einen schweren Stahlrahmen und habe dann im Wettkampf den letzten Tick, wenn ich auf einer leichteren Maschine fahren kann.“

Der Mann strahlt Ruhe aus, die sich eben auch aus der Klasse seines Motors erklärt, der ihn antreibt. Jan Ullrich schätzt an sich selbst die Fähigkeit „auf den Punkt genau fit zu sein. Ich fahre monatelang hinterher, aber das Ziel, in Topform zu sein bei der Tour, kann ich trotzdem realisieren.“ Und wenn Jan Ullrich Form hat, dann ist sie außergewöhnlich. „Der Mann hat einfach fünf PS mehr als die anderen“, befindet der Freiburger Sportmediziner Professor Joseph Keul. Zum Teil liegt das auch an den Anlagen, die Jan Ullrich in die Wiege gelegt bekommen hat. Seine Lunge fasst etwa 6,5 Liter, in sein Herz passen 1300 Milliliter Blut. Wenn das Herz eines ganz normalen Menschen durch Anstrengung gefordert wird, kann es seine Pumpleistung etwa vervierfachen. Ullrichs Herz schafft es achtfach. Zudem kann der Mann austrainiert über eine halbe Stunde lang 550 Watt bei einer Herzfrequenz von 190 treten. Ullrichs Muskeln besitzen überdurchschnittlich viele Ausdauermuskelfasern, er nimmt pro Kilogramm Körpergewicht bis zu 85 Milliliter Sauerstoff auf. Das alles sind laut Lothar Heinrich, einem der Teamärzte von Telekom, ganz außergewöhnliche Werte. Aber Werte fahren nicht Rennrad. Dazu braucht es auch einen eisernen Willen, die Fähigkeit zum Weitertreten. „Beim Zeitfahren“, sagt Jan, „kommt es auf den Charakter an, da zählt der ganze Mensch.“

Dass er Charakter hat, das beweist Jan Ullrich bei der Tour immer wieder. Auch 1998. Vor dem letzten Zeitfahren war klar, dass er Marco Pantani das Gelbe Trikot nicht mehr abjagen kann. Dennoch gibt er auf den 52 Kilometern zwischen Montceau und Le Creusot noch einmal alles, jagt dem Amerikaner Bobby Julich noch den zweiten Rang im Gesamtklassement ab und lässt Marco Pantani um 2:35 Minuten hinter sich. Am Ende gewinnt der „Pirat“ mit knapp dreieinhalb Minuten Vorsprung die Tour. Nicht gerade üppig – schon gar nicht bei einer Fahrzeit von insgesamt über 92 Stunden für die gesamte Tour.

Jan Ullrich ist der Souverän gegen die Uhr, Erik Zabel weiß nicht einmal ganz genau, wie schnell er sein könnte, wenn er denn die gesamte Distanz voll am Limit fahren würde. Aber auf einen Versuch lässt er es auch nicht ankommen. So gut wie „Ulle“ kann er es nicht und sich für einen Ehrenplatz die Körner

aus den Beinen fahren, das lohnt sich nicht. „Auf lau machen kannst du dir natürlich nicht erlauben", sagt er, „sonst bist du ganz schnell draußen." 25 Prozent Zeitüberschreitung gestattet das Reglement beim Einzelzeitfahren. Das reicht in aller Regel, bummeln kann man da trotzdem nicht. Erik Zabel hat sich seine eigene Brücke für das Zeitfahren gebaut. „Ich gehe einfach mal davon aus, dass die Schnellsten immer einen 50er Schnitt fahren. Das bedeutet, wenn ich einen 45er fahre, bin ich auf der sicheren Seite. Und damit ja nichts schief geht, nehme ich mir 46,5 im Schnitt vor – das reicht dann garantiert. Dumm ist nur, wenn du auf jeden Fall die 46,5 raushaust, also auch wenn es verdammt schwer ist zum Beispiel bei Gegenwind, und der Sieger hat nachher einen 48er Schnitt. Dann bist du zu schnell gefahren, hast eigentlich zu viel Energie verbraucht. Aber mir ist es lieber so. Ich möchte nicht ewig lang im Ziel bibbern, ob ich überhaupt am nächsten Tag noch weiter fahren darf."

Das schnellste Zeitfahren gelang übrigens dem US-Amerikaner Greg LeMond, der 1989 die letzten 24,5 Kilometer der Tour zwischen Versailles und den Champs-Élysées mit einem Schnitt von 54,545 meisterte. Ein Wahnsinnstempo, allerdings über eine sehr kurze Distanz. Erik Zabel kann eigentlich nur hoffen, dass so ein Tempo keiner mehr vorlegt bei der Tour. Für den Sprinter ist das Contre la montre saure Pflicht, für Jan Ullrich das Parkett, wo er am besten zeigen kann, wie stark er ist.

Die Adjektive „gigantisch", „unglaublich", „überwältigend" und andere mehr wurden von allen Beteiligten im Tour-Tross bemüht, um die einmalige Begeisterung und Unterstützung des Millionenpublikums im Dreiländereck zu kennzeichnen. Dass so viel Zuspruch außer einer Gänsehaut auch zusätzlichen Antrieb bringt, durfte beispielsweise Andreas Klier (oben) erfahren, der als Helfer im belgischen Rennstall Farm Frites arbeitet, einer der deutschen Profis, die nicht im Team Telekom tätig sind.

YAHOO!
Giro
TREK

Tour 2000 – Das grosse Duell

21. Juli 2000, 15:57 Uhr. Das Startsignal für Jan Ullrich. Im Trikot des Weltmeisters wuchtet sich Jan bei seinem Heimspiel auf die Strecke. 8,9 Kilo wiegt seine Zeitfahrmaschine, mit einer Übersetzung von 54 x 11 treibt er das Velo an. Etwas über eine Stunde am Limit, Puls 190 und immer das Gefühl, nicht eine einzige Sekunde nachlassen zu dürfen. Zeitfahren ist die Stunde der Wahrheit, alleine gegen die Uhr hilft keine Taktik und keine Mannschaft, es zählt nur die Kraft und der Wille, sich bis zur totalen Erschöpfung zu schinden.

„Mir liegt der Kampf gegen die Uhr", sagt Jan, „ich habe durch meine Erfolge in dieser Disziplin auch Selbstvertrauen." Und Rückenwind in Freiburg. Wieder stehen die Menschen dicht an dicht Spalier, die Strecke ins Elsass soll zur Via Triumphalis für Jan werden. „So etwas habe ich in meiner ganzen Karriere noch nicht erlebt, das war einfach unglaublich", sagt er nach der Fahrt wie durch einen Tunnel aus schreienden Menschen. Jan geht mit voller Konzentration auf die Strecke, er will den Sieg, will vor allem den direkten Vergleich mit Lance Armstrong gewinnen. Er lehnt es ab, sich mit einem Funkgerät verkabeln zu lassen. „Das bringt mir nichts, ich fahre sowieso dauernd am Limit."

Lance Armstrong (links) ließ im Einzelzeitfahren auf der drittletzten Etappe zwischen Freiburg im Breisgau und Mulhouse im Süd-Elsass, dem Departement Haut-Rhin (68), nichts mehr anbrennen. Als Letzter gestartet, konnte er seinen Vorsprung auf Jan Ullrich (rechts) in der Gesamtwertung um weitere 25 Sekunden ausbauen, fuhr die 58,5 Kilometer mit dem fast unglaublichen Stundenmittel von knapp 54 km/h und lag danach um 6:02 Minuten vor Ullrich.

Drei Minuten nach ihm geht Lance in einem leuchtend gelben Einteiler auf den Kurs. Auch er hat noch keinen Etappensieg. Am Anfang der Tour war ihm das nicht wichtig gewesen, auf dem Mont Ventoux hat er Pantani generös den Vortritt gelassen, aber jetzt will er wenigstens einmal einen Tagesabschnitt dominieren, weil er gespürt hat, dass seine Fans in Amerika das von ihm erwarten. Außerdem hat Lance ein feines Näschen für den großen Auftritt. Und dass diese Bühne heute einmalig ist, dazu braucht man kein PR-Fachmann zu sein. „Ich habe noch nie so viele Leute auf einmal gesehen", sagt Lance im Ziel, „und sie waren fair zu mir." Jan meint: „Wer diese Atmosphäre hier nicht spürt, der spürt sicher gar nichts mehr."

Nach elf Kilometern werden die ersten Zeiten gemeldet. Jan und Lance liegen auf die Sekunde gleich, die Menge tobt, alle anderen 127 haben jetzt schon nichts

mehr mit dem Ausgang zu tun, auch nicht Christophe Moreau, der unbedingt noch seinen Festina-Kollegen Joseba Beloki von Rang drei der Gesamtwertung verdrängen will. Aber die Hatz nach Südwest ist der Showdown der zwei Besten, der Kampf der dominierenden Fahrer der Tour, der während der 21 Tage auch zum Duell der Systeme hochgepeppt wurde, nicht zuletzt, weil die beiden mit unterschiedlicher Trittfrequenz an ihre Arbeit gehen. Heute greift das Bild aber nicht: Beide treten 54 x 11, beide gewinnen mit einer Pedalumdrehung 10,40 Meter Raum – und auch Lance drückt überwiegend den dicken Gang. Und er hat den Vorteil, als Letzter im Feld immer zu wissen, wie schnell Jan ist. Natürlich ist der Mann aus Austin auch verkabelt, Armstrong ist ein Technikfreak, aber das nützt ihm nur etwas, weil er auch die nötige Power hat, um reagieren zu können, sollte er zu langsam unterwegs sein.

Ist er aber nicht. Bei der 20,5-Kilometer-Marke liegt Lance fünf Sekunden vor Jan, nach 44 Kilometer sind es 25 Sekunden und mit diesem Abstand kommen sie auch in Mulhouse ins Ziel. Lance war auf jedem Kilometer die Winzigkeit von nicht einmal einer halben Sekunde schneller als Jan. Exakt 53,986 Stundenkilometer beträgt Armstrongs Schnitt, es ist das zweitschnellste Zeitfahren der Tourgeschichte, wobei Rekordhalter Greg LeMond 1989 nur 24,5 Kilometer von Versailles auf die Champs-Élysées rasen musste, das ist weniger als die Hälfte von Freiburg nach Mulhouse.

Kurz nach fünf ist für Jan die Tour 2000 sportlich gelaufen. Wie in Morzine Platz zwei, für das Team Telekom der vierte zweite Platz nacheinander – es hat nicht sollen sein. „Ich wollte die Etappe gewinnen, ich habe alles gegeben, mehr ging nicht, und es hätte mir auch nichts genützt, wenn ich die Zeiten von Lance gewusst hätte – ich war am Limit."

Die Bilanz von Jan Ullrich

Das Team bezieht am Abend ein tristes Hotel in Lutterbach. Die Zeitfahr-Maschinen lehnen an der Hauswand, Jan lässt sich lange massieren. Zeit für die Bilanz, obwohl es noch zwei Tage sind bis Paris. Jan sieht aus wie nach seinem Sieg 1997. Klapperdünn, seine Armbanduhr schlackert am Handgelenk, Gesicht, Arme und Beine von der Sonne verbrannt, die sich in der letzten Tourwoche doch noch hat blicken lassen. „Ich weiß", sagt er, „dass ich im Winter Fehler gemacht habe. Ich bin mir jetzt aber auch sicher, dass ich die Tour auf jeden Fall noch einmal gewinnen will. Lance ist in diesem Jahr der würdige Sieger, aber er ist zu schlagen, da bin ich mir sicher, sonst bräuchte ich nicht mehr Rad zu fahren. Viermal Tour de France – einmal gewonnen, dreimal Zweiter, damit bin ich wirklich zufrieden und ich kann mir im Rennen auch nichts vorwerfen. Ich habe wirklich alles versucht, aber Lance war stärker. Das erkenne ich an, er hat den sportlichen Vergleich für sich entschieden. Aber das muss nicht für ewig so sein. Ich bin schließlich erst 26 Jahre alt."
Für Jan Ullrich endet die Tour mit einem Platz auf dem Podium in Paris und mit einem Lernprozess. Er ist auch ohne Etappensieg ein großes Rennen gefahren, aber er kann es besser. Er hat sich im Winter ein bisschen zu lange der gnadenlosen Maschine Leistungssport entzogen, die Zügel ein wenig schleifen lassen. Aber das gehört auch zur Entwicklung einer Persönlichkeit. Wer immer nur rational lebt, verkommt schnell zum seelenlosen Roboter, zum kühlen Technokraten ohne Ecken und Kanten – kurz: zum Langweiler. Und, ganz nebenbei, Boris Becker wurde nach seinem sportlichen Absturz 1993 noch einmal Weltmeister. Wer aus Fehlern lernt, dem stehen im Sport alle Türen offen. Zumal mit dem Talent eines Jan Ullrich. Er hat auf jeden Fall die Zukunft in der Hand, und das weiß er auch seit der Tour 2000.

Erik kann wieder lachen

Erik Zabel ist schon lange vor Jan mit dem Zeitfahren fertig. Für ihn ist der Kampf gegen die Uhr Pflicht, das Zeitlimit der Gegner, mit dem er allerdings keine Mühe hat. In Mulhouse wird er im Ziel von Sean Kelly empfangen. Der Ire hat viermal das Grüne Trikot gewonnen, übermorgen ist er seinen Rekord los, wenn Erik in Paris zum fünften Mal die Trophäe für den besten Sprinter der Tour bekommen wird. „Wenn ich es einem gönne, dann ihm", sagt Kelly, der jetzt für Eurosport arbeitet und Erik durch die Fans zum Interview lotst. Am Abend ist auch für Erik die Zeit, Bilanz zu ziehen, auch wenn er theoretisch noch zwei Etappen gewinnen kann und beim Finale in Paris zu den Favoriten gehört – wenn Telekom das Feld zusammenhalten kann. „Ich fahre auf jeden Fall zufrieden nach Hause", sagt er, „es lief für mich wie in den letzten Jahren. Am Anfang konzentriere ich mich ganz auf den Etappensieg und nach der ersten Woche schaue ich dann langsam auf das Grüne Trikot. Als die Tour losging, wollte ich natürlich unbedingt eine Etappe gewinnen, das ist klar. Aber ich freue mich jetzt auch über das fünfte Grüne Trikot. Wenn die Fans in ein paar Jahren über die Tour reden, dann sprechen sie über Indurain oder Merckx, die fünfmal gewonnen haben, sie reden über Jan Ullrich – und dann werden sie auch noch sagen: Da gab es noch den Zabel, der kam fünfmal in Grün nach Paris. Ich glaube, ich habe mir mein Plätzchen in der Tourgeschichte erobert."
Hat er auch, und bei der Tour 2000 ein unglaubliches Jahr fortgesetzt. 15 Siege, davon zwei im Weltcup – „Ete" ist einer der konstantesten Rennfahrer überhaupt und trotz seines wahrhaft gigantischen Programms eine starke Tour gefahren, auch in den Bergen.
Den einzigen Tribut, den er seiner Konzentration auf schwere Eintages-Rennen zollen musste, ist der Verlust von ein paar Prozent Explosivität im Sprint. „Schade", sagt Erik, „aber damit muss ich leben."
Und die Tour ist auch noch nicht vorbei. An diesem Abend packt er wieder einmal seinen Koffer mit den vielen Grünen Trikots zusammen. „Ein Sieg in Paris wäre ein starker Abschluss", sagt er, „aber wenn es nicht klappt, dann geht die Welt auch nicht unter. Am 6. August ist schließlich schon wieder Weltcup."

Das Einzelzeitfahren war für Christophe Moreau (links) die beste Gelegenheit, sich als bester Franzose zu platzieren: Dritter in der Tageswertung, das bedeutete Vierter in der Gesamtwertung mit 10:34 Minuten Rückstand auf Armstrong.
Doch vor Moreau lag immer noch die Entdeckung dieser Tour de France: Joseba Beloki, der Spanier, mit dem vor „le Grand Boucle", der großen Schleife durch Frankreich, wohl kaum jemand gerechnet hatte (rechts).

FESTINA
FESTINA
MANUBRI SPECIALI
MANUBRI SPECIALI

Giro
COFIDIS
COFIDIS
MBK

Team Telekom
Radio&TV

Keiner der Rennfahrer nimmt das Zeitfahren leicht, die Abstände sind nach fast 60 Kilometern allerdings beträchtlich: Zwischen Lance Armstrong und dem 7. David Millar (oben ganz links), dem Sieger der 1. Etappe in Futuroscope, lagen bereits 3:56 Minuten, Jens Heppner (oben Mitte) als nächstbester Telekom-Mann wurde 31. mit 6:31 Rückstand. Doch auch alle anderen Profis sausten mit solch einem Tempo über die Strecke, dass kein Hobbyfahrer – vielleicht mit hängender Zunge – ihnen mehr als 1 oder 2 km folgen könnte. Das gilt für Erik Zabel (links) wie für (unten von links) Jens Voigt, für den zähen Kämpfer Udo Bölts, den Bergspezialisten Guiseppe Guerini, auch für den Allerletzten dieses Zeitfahrens Gian-Matteo Fagnini.

PMU
adidas

Tour 2000 – das Finale

Der Coup von Troyes

Aller Druck fiel in diesem Moment von Erik Zabel: Die vorletzte Gelegenheit bei der Tour 2000 hat er genutzt und in Troyes seinen 8. Tour-Etappensieg insgesamt erzielt – ebenso viele wie Rudi Altig. – Ohne perfekte Mannschaftsarbeit – oben spannen sich Udo Bölts und Alberto Elli vor den „T-Zug" – wäre das nicht möglich gewesen.

Als Erik am Samstagmorgen in Belfort zum Start rollt, kann er noch nicht wissen, dass sich sein Traum schon in ein paar Stunden in Troyes erfüllen wird. Was heißt, nicht wissen? Er ist sich sicher, dass es heute nichts für einen Sprinter wie ihn wird. Es wird wieder eine Gruppe fahren, Ausreißer werden dem Feld enteilen, die Etappe wird ähnlich laufen wie die von Lausanne nach Freiburg. Doch es kommt alles anders, ungewöhnlich für solch eine lange Etappe: Zwar setzen sich tatsächlich drei Fahrer vom Feld ab, aber die haben nicht mehr die Kraft, sich entscheidend in Szene zu setzen.
Die Tour nähert sich ihrem Ende, wer jetzt noch dabei ist, der hat „einen im Schuh", wie die Profis sagen. Oder – anders herum – wer jetzt noch frisch ist, der hat etwas falsch gemacht.
Als nach rund 140 Kilometern die drei Ausreißer immer noch in Reichweite sind, blasen Jens Heppner und Udo Bölts zur Attacke. „Die beiden haben gesagt, die holen wir wieder zurück", erinnert sich Erik, der dazu natürlich nicht Nein sagt. Telekom findet Verbündete. Das Team Polti reiht sich vorne mit ein, macht Tempo für seinen besten Sprinter Jeroen Blijlevens, der bisher allerdings nur dadurch aufgefallen ist, dass er überhaupt nicht auffiel. Auch der Rest des Farm-Frites-Teams hilft mit und spekuliert auf einen Etappensieg durch Robbie McEwen.

Gegen diese Allianz sind die drei Ausreißer machtlos – und die anderen Sprinter gegen Erik Zabel. Diesmal passt alles, am Ende der längsten Etappe der Tour 2000 lässt sich „Ete" die Butter nicht mehr vom Brot nehmen: Alexander Winokurow zieht an, dann Gian-Matteo Fagnini, schließlich fährt Erik von vorn und schon 20 Meter vor dem Ziel entspannen sich seine Gesichtszüge. Der ganze Frust von unzähligen vergeblichen Sprints in drei Jahren Tour fällt in dieser Sekunde ab. Geschafft – nach 254,5 Kilometern der erste Etappensieg nach dem 13. Juli 1997 in Pau, der Konter gegen alle, die ihm überhaupt nicht mehr zugetraut haben, jemals noch eine Touretappe zu gewinnen und sein Dank an die Mannschaft, die sich so oft für ihn gemüht hat. „Un grand, grand moment pour moi", ächzt Erik in die Mikrofone des französischen Fernsehens. Wohl wahr – ein großer Erfolg für ihn, ein Befreiungsschlag und eine Bestätigung. Zwei Stunden später liegt er im Novotel auf der Massagebank, durch und durch zufrieden, was bei Erik nun wirklich nicht oft der Fall ist. „Nach zehn zweiten Plätzen seit meinem letzten Sieg in Pau war es wirklich höchste Zeit", sagt er, „für mich ist hier wirklich ein Traum in Erfüllung gegangen. Heute hat alles gepasst, und ich hatte auch das Quäntchen Glück, das du natürlich brauchst." – Und die nötige Kraft, Blijlevens und McEwen sind knapp geschlagen. „Das ist ja das Schöne am Radsport", sagt Zabel, „auch Blijlevens, den du die ganze Tour nicht gesehen hast, hätte gewinnen können. Irgendwie ist Radsport wie das Leben – alles ist möglich." Ansichten eines Siegers.
Für Erik endet in Troyes auch eine Zeit des Zweifelns, der Sieg versöhnt ihn mit der Tour. Es ist nicht sein wertvollster Erfolg in diesem Jahr, die Siege bei den Weltcuprennen Mailand–San Remo und beim Amstel Gold Race wiegen schwerer, aber den Saisoncoup Nummer 17 wird er wohl nicht mehr vergessen. „Eine ganze

Woche haben wir hier zugeschaut, wie Marcel Wüst nach seinem Etappensieg von einer Fernsehsendung zur nächsten gewandert ist. Irgendwie habe ich mir gedacht – das kann doch nicht sein, du fährst dich hier kaputt, gewinnst zum fünften Mal das Grüne Trikot und er kriegt die ganze Öffentlichkeit."

Jetzt hat sie Zabel und das Team Telekom – nach vier zweiten Plätzen nacheinander. Auch Eriks Ritual hat sich wieder mal ausgezahlt. Bei seinem Sieg hatte er wieder das erste Grüne Trikot des Jahres an. Jeden Abend wird es von ihm selbst von Hand gewaschen. „Das muss so sein, obwohl es eigentlich ein bisschen zu klein ist." Jetzt wird er es einrahmen lassen – ungewaschen, so wie es ist. „Man muss ja auch sehen, dass Radsport eine harte Sache ist." An diesem Abend gibt es in dem Hotel in Barbarey sogar Champagner für die Mannschaft. Aber nicht zu viel. Denn noch kommt das Finale in Paris, warten die letzten 138 Kilometer; vielleicht geht ja noch mal was.

Abschied in Paris

Alles ist gerichtet für das Finale. Jans Freundin Gaby ist angereist, Eriks Frau Cordula, dieses Jahr mit grün geschminkten Lippen, und Sohnemann Rik – übrigens nach zwei sprintstarken Radsport-Legenden benannt, Rik van Steenbergen und Rik van Looy – warten auf den Champs-Élysées auf das Defilee der Profis.

128 Fahrer erreichen Paris und es gibt noch einmal ein Finale auf Biegen und Brechen, obwohl alle nach 21 Tagen Tour müde sind. Trotzdem – es ist für viele Teams die letzte Chance, diese Tour mit einem Paukenschlag zu beenden. Walter Godefroot, der Teamchef von Telekom, sagt: „Wäre doch schön, wenn Erik es schaffen würde. Ich habe vor 25 Jahren den ersten Sprint auf der Champs-Élyseés gewonnen." Es kommt aber anders: Das Mapei-Team inszeniert sich perfekt, Stefano Zanini gewinnt knapp vor Erik. „Ich war ein bisschen zu spät dran", sagt der Mann im Grünen Trikot, aber er lächelt dabei. Nach dem Sieg von Troyes ist das zu verschmerzen. Kurz später steht er mit Rik, dem die Mama die Haare grün gefärbt hat, auf dem Podium. „Ein bewegender Moment für mich, ich hätte nie gedacht, dass ich dies einmal erreichen würde", sagt er.

Auch Jan ist glücklich, Platz zwei am Ende „doch ein Grund, zufrieden zu sein", wie er sagt. Die ganze Mannschaft ist froh, endlich in Paris zu sein. Udo Bölts fährt seine neunte Tour – Rekord für einen deutschen Profi. Alberto Elli war vier Tage im Gelben Trikot für Telekom – auch eine starke Bilanz.

Grund zum Feiern haben jedenfalls alle. Acht Profis in Magenta erreichen Paris, das Team Telekom ist die viertbeste Mannschaft der Tour. Steffen Wesemann, der sich auf der Abfahrt vom Col d'Izoard das Schlüsselbein gebrochen hatte, kommt frisch operiert zum Feiern mit seinen Kollegen an die Seine. Die Nacht wird lang, nach dem Stress kommt die Freude. Empfang im Pavillon Gabriel, danach feiern bis zum Abwinken.

Ein Freudentänzchen wollen sie beide machen, Jan und Erik, das kann ja wirklich heiter werden. Am nächsten Tag geht es zur Expo 2000, nach Hannover, noch einmal Fete mit Udo Lindenberg. Und dann hat sie die Welt des Leistungssports wieder. Erik konzentriert sich auf den Weltcup, Jan schaut schon nach Sydney, wo es bei den Olympischen Spielen zum nächsten großen Kampf im Zeitfahren gegen Lance Armstrong kommen soll. Und ein wenig schon zur Tour 2001. Jan auf den Champ-Élysées: „1996 war ich Zweiter, ein Jahr später Erster, dann 1998 wieder Zweiter. Vor einem Jahr war ich nicht am Start und jetzt bin ich wieder Zweiter. Nach dem Gesetz der Serie müsste ich also 2001 wieder gewinnen."

Ein schönes Schlusswort für die Tour 2000.

Geschafft! Erik Zabel hat die Konkurrenten Robbie McEwen (rechts) und Jeroen Blijlevens (links) im Schlussspurt von Troyes deutlich bezwungen.

·D1·
T
rigida
rigida

Oben: Nachdem die Platzierung hinter Lance Armstrong gesichert und die Berge weit weg waren, ließ sich Jan Ullrich häufiger in der Reihe des „Telekom-Express" ganz vorne sehen. Solch ein tempoharter Fahrer wie er ist natürlich auch Gold wert, wenn es darum geht, den Mann mit der größten Endgeschwindigkeit aus dem Team bis kurz vorm Ziel wirkungsvoll zu schützen.
Rechts oben: Seit vielen Jahren setzen zahlreiche Runden auf der Pariser Prachtstraße Champs-Élysées vor der Kulisse des Triumphbogens einen würdigen Schlusspunkt hinter die Tour de France. Klar, dass hier Ausreißer hoffen, sich noch einmal in Szene setzen zu können. Aber das gegen Ende immer schneller jagende Feld lässt solche Ankünfte Einzelner oder kleiner Gruppen nur sehr selten zu.
Rechts: Zum Finale der Tour gehört nach den Siegerehrungen – ausgezeichnet werden der Etappensieger, der Gesamtsieger, der Punktbeste, der Bergpreisträger, die beste Mannschaft, der beste Neuprofi – auch das Defilee der Mannschaften; hier fast komplett zu sehen die verbliebenen 8 aus dem Team Telekom am 23. Juli 2000.
Ganz rechts: Offenbar haben über 3600 Kilometer nicht gereicht – Erik Zabel hat noch Kraft genug für Kunststücke ...

392 BVA 92

t-online

FIAT
FIAT
300
FESTINA
45
48

Die Tour de France rollt seit 1903 durch ganz Frankreich. Das Ziel in Paris waren nicht immer die Champs-Élysées. Früher drehten die Profis zum Schluss ihre Runden im ehrwürdigen Prinzenpark-Stadion.
Oben: Bewegende Szene für und mit Lance Armstrong, der seinen Gesamtsieg nach 1999 auch am 23. Juli 2000 in Paris feiern durfte. Viele kennen seine persönliche Geschichte, seine sportliche Wiederauferstehung, da durften seine Frau und Söhnchen Luke, noch kein ganzes Jahr alt, auf dem Podium bei der Siegerehrung nicht fehlen.

AN2000
PMU
KELME
Costa Blanca

Kaum ein Startplatz wäre geeigneter als der vor dem Eiffelturm, dem 318 Meter hohen Wahrzeichen von Paris. Hier reihen sich die vier Ehrentrikotträger der Tour 2000 auf (von links): in Weiß der beste Jung-Profi Francisco Mancebo aus Spanien, dann – wie seit 1996 ununterbrochen – Erik Zabel in Grün, Lance Armstrong in Gelb, dessen Team als Einziges ohne Ausfälle nach Paris kam, und Santiago Botero aus Kolumbien im gepunkteten Bergtrikot.
Oben: Nach den 138 Kilometern durch Paris hat sich nichts geändert, keiner hat hier sein Trikot mehr verteidigen müssen.
Links: „Wir sehen uns wieder, Lance …“ – „O.k., Jan …“ – Wann, fragen Sie? Wohl bereits in Sydney zur Olympiade 2000.

Siegerliste der Tour de France

1903 Maurice Garin (F) – Louis Pothier (F) – Augereau (F)
1904 Henri Cornet (F) – Dortignacq (F) – Jousselin (F)
1905 Louis Trousselier (F) – A. Aucouturier (F) – Dortignacq (F)
1906 René Pottier (F) – Passerieu (F) – L. Trousselier (F)
1907 Lucien Petit-Breton (F) – Garrigou (F) – E. Georget (F)
1908 Lucien Petit-Breton (F) – Faber (LUX) – Passerieu (F)
1909 François Faber (LUX) – Garrigou (F) – Alavoine (F)
1910 Octave Lapize (F) – Faber (LUX) – Garrigou (F)
1911 Gustave Garrigou (F) – Duboc (F) – E. Georget (F)
1912 Odile Defraye (B) – Eugène Christophe (F) – Garrigou (F)
1913 Philippe Thys (B) – Garrigou (F) – M. Buysse (B)
1914 Philippe Thys (B) – H. Pélissier (F) – Alavoine (F)
1919 Firmin Lambot (B) – Alavoine (F) – Christophe (F)
1920 Philippe Thys (B) – H. Heusghem (B) – Lambot (B)
1921 Léon Scieur (B) – H. Heusghem (B) – Barthélemy (F)
1922 Firmin Lambot (B) – Alavoine (F) – F. Sellier (B)
1923 Henri Pélissier (F) – Bottechia (I) – Bellenger (F)
1924 Ottavio Bottechia (I) – N. Frantz (LUX) – L. Buysse (B)
1925 Ottavio Bottechia (I) – L. Buysse (B) – Aymo (I)
1926 Lucien Buysse (B) – N. Frantz (LUX) – Aymo (I)
1927 Nicolas Frantz (LUX) – M. Dewaele (B) – J. Vervaecke (B)
1928 Nicolas Frantz (LUX) – Leducq (F) – M. Dewaele (B)
1929 Maurice Dewaele (B) – Demuysere (B) – Pancera (I)
1930 André Leducq (F) – Guerra (I) – A. Magne (F)
1931 Antonin Magne (F) – Demuysere (B) – Pesenti (I)
1932 André Leducq (F) – Kurt Stöpel (D) – Camusso (I)
1933 Georges Speicher (F) – Guerra (I) – Martano (I)
1934 Antonin Magne (F) – Martano (I) – R. Lapébie (F)
1935 Romain Maes (B) – Morelli (I) – F. Vervaecke (B)
1936 Sylvère Maes (B) – Magne (F) – F. Vervaecke (B)
1937 Roger Lapébie (F) – Vicini (I) – Amberg (CH)
1938 Gino Bartali (I) – F. Vervaecke (B) – Cosson (F)
1939 Sylvère Maes (B) – Vietto (F) – L. Vlaemynck (B)
1947 Jean Robic (F) – Fachleitner (F) – Brambilla (I)
1948 Gino Bartali (I) – Schotte (B) – G. Lapébie (F)
1949 Fausto Coppi (I) – Gino Bartali (I) – Marinelli (F)
1950 Ferdi Kübler (CH) – Ockers (B) – Louison Bobet (F)
1951 Hugo Koblet (CH) – Geminiani (F) – L. Lazaridés (F)
1952 Fausto Coppi (I) – Ockers (B) – B. Ruiz (E)
1953 Louison Bobet (F) – Malléjac (F) – Astrua (I)
1954 Louison Bobet (F) – Kübler (CH) – Schär (CH)
1955 Louison Bobet (F) – Brankart (B) – Charly Gaul (LUX)
1956 Roger Walkowiak (F) – Bauvin (F) – J. Adriaensens (B)
1957 Jacques Anquetil (F) – M. Janssens (B) – A. Christian (AUT)
1958 Charly Gaul (LUX) – V. Favero (I) – R. Geminiani (F)
1959 Federico Bahamontes (E) – H. Anglade (F) – J. Anquetil (F)
1960 Gastone Nencini (I) – G. Battistini (I) – J. Adriaensens (B)
1961 Jacques Anquetil (F) – G. Carlesi (I) – Ch. Gaul (LUX)
1962 Jacques Anquetil (F) – J. Planckaert (B) – R. Poulidor (F)
1963 J. Anquetil (F) – F. Bahamontes (E) – Perez-Frances (E)
1964 Jacques Anquetil (F) – R. Poulidor(F) – Bahamontes (E)
1965 Felice Gimondi (I) – R. Poulidor (F) – G. Motta (I)
1966 Lucien Aimar (F) – Jan Janssen (NL) – Ray. Poulidor (F)
1967 Roger Pingeon (F) – Jul. Jimenez (E) – F. Balmamion (I)
1968 Jan Janssen (NL) – Herm. van Springel (B) – F. Bracke (B)
1969 Eddy Merckx (B) – Rog. Pingeon (F) – R. Poulidor (F)
1970 Eddy Merckx (B) – J. Zoetemelk (NL) – Gösta Pettersson (S)
1971 Eddy Merckx (B) – J. Zoetemelk (NL) – Lucien van Impe (B)
1972 Eddy Merckx (B) – F. Gimondi (I) – R. Poulidor (F)
1973 Luis Ocaña (E) – B. Thévenet (F) – J.-M. Fuente (E)
1974 Eddy Merckx (B) – Ray. Poulidor (F) – V. Lopez-Carril (E)
1975 Bernard Thévenet (F) – Eddy Merckx (B) – L. van Impe (B)
1976 Lucien van Impe (B) – J. Zoetemelk (NL) – R. Poulidor (F)
1977 Bernard Thévenet (F) – Hennie Kuiper (NL) – van Impe (B)
1978 Bernard Hinault (F) – J. Zoetemelk (NL) – J. Agostinho (P)
1979 Bernard Hinault (F) – J. Zoetemelk (NL) – J. Agostinho (P)
1980 Joop Zoetemelk (NL) – Hennie Kuiper (NL) – R. Martin (F)
1981 Bernard Hinault (F) – Lucien van Impe (B) – R. Alban (F)
1982 Bernard Hinault (F) – J. Zoetemelk (NL) – J. van de Velde (NL)
1983 Laurent Fignon (F) – Angel Arroyo (E) – Peter Winnen (NL)
1984 Laurent Fignon (F) – B. Hinault (F) – Greg Lemond (USA)
1985 Bernard Hinault (F) – G. Lemond (USA) – St. Roche (IRL)
1986 Greg Lemond (USA) – B. Hinault (F) – Urs Zimmermann (CH)
1987 Stephen Roche (IRL) – P. Delgado (E) – Jean-F. Bernard (F)
1988 Pedro Delgado (E) – Steven Rooks (NL) – Fabio Parra (CO)
1989 Greg Lemond (USA) – Laurent Fignon (F) – P. Delgado (E)
1990 Greg Lemond (USA) – C. Chiappucci (I) – Eric Breukink (NL)
1991 Miguel Indurain (E) – Gianni Bugno (I) – C. Chiappucci (I)
1992 Miguel Indurain (E) – Claudio Chiappucci (I) – G. Bugno (I)
1993 Miguel Indurain (E) – Tony Rominger (CH) – Z. Jaskula (PL)
1994 Miguel Indurain (E) – Piotr Ugrumov (LET) – M. Pantani (I)
1995 Miguel Indurain (E) – Alex Zülle (CH) – Bjarne Riis (DK)
1996 Bjarne Riis (DK) – Jan Ullrich (D) – Richard Virenque (F)
1997 Jan Ullrich (D) – Richard Virenque (F) – Marco Pantani (I)
1998 Marco Pantani (I) – Jan Ullrich (D) – Bobby Julich (USA)
1999 Lance Armstrong (USA) – Alex Zülle (CH) – F. Escartin (E)
2000 Lance Armstrong (USA) – J. Ullrich (D) – Joseba Beloki (E)

Die Geschichte der Tour

Aus einer gewagten Idee eines Journalisten und seines Verlegers hat sich seit 1903 das bedeutendste Radrennen der Welt entwickelt. Was sich alljährlich im Juli auf den Straßen Frankreichs an Kämpfen, Triumphen und manchmal auch Tragödien abspielt, zieht Millionen an die Strecke und Abermillionen vor die Fernseher.

Sonntag, 23. Juli 1989. In München kämpft Carl-Uwe Steeb im Halbfinale des Daviscup-Wettbewerbs gegen André Agassi um den entscheidenden dritten Punkt. Am Samstag hatte Boris Becker den Amerikaner in einem nervenzerfetzenden Match über zwei Tage und fünf Sätze niedergerungen.

Fernsehbilder gehen um die Welt. Auch in der Sportredaktion der Stuttgarter Zeitung schauen die Redakteure an diesem heißen Sommertag immer wieder auf den Bildschirm. Dritter Satz, Aufschlag Steeb, die Spannung steigt. Plötzlich schnappt sich einer die Fernbedienung und wechselt den Kanal. „Bist du verrückt, was soll denn das", flucht der Tennisexperte und verstummt gleich wieder. Auf dem Bildschirm flimmert die Champs-Élysées in der Julihitze. Ein einzelner Radler, nur ein kleiner Punkt am Horizont, kämpft sich Richtung Ziel. Es ist der Franzose Laurent Fignon, der Führende, der Mann im Gelben Trikot, der beim finalen Zeitfahren der Tour eigentlich eine Triumphfahrt über den Prachtboulevard erleben will. Eigentlich. Fignon ist an diesem Tag auf den schlimmsten 24,5 Kilometern seines Lebens. Kurz zuvor ist Greg LeMond über die letzte Ziellinie dieser Tour gestürmt. Der Amerikaner hat seine Rennmaschine mit dem unglaublichen Schnitt von 54,545 Stundenkilometern von Versailles auf die Champs gebolzt. 50 Sekunden liegt er vor der letzten Etappe hinter Fignon, aber wer LeMond mit seinem aerodynamischen Helm tief über den Triathlonlenker geduckt kämpfen sieht, der spürt, dass dies kein normaler Tag der Tour ist. Den traditionsbewussten Franzosen brannten die Augen. Mon dieu, was ist das für ein verbogenes Rad, was für ein seltsamer Lenker, was für ein Helm? Und wie verdammt schnell der Kerl ist.

Auch Fignon, der letzte Starter auf der letzten Etappe der Tour, scheint zu ahnen, dass das Finale für ihn eher Fiasko als Triumph wird. Die Uhr läuft, unerbittlich, der Mann mit der Brille reißt am Lenker, stampft in die Pedale, das Gesicht verzerrt vom Kampf. Fignon sitzt auf einem ganz normalen Rennrad, ohne Helm, mit flatterndem Trikot und weiß nicht so recht, wie ihm geschieht.

Sein Konkurrent starrt im Ziel gebannt auf die Ziffern der Zeitmessung. Hunderttausende an der Champs-Élysées versuchen ihren Helden Fignon ins Ziel zu schreien. In der Stuttgarter Sportredaktion arbeitet keiner mehr, auch der Tennisexperte lässt sich jetzt von der Spannung anstecken. Knapp 200 Meter vor dem Ziel ist Fignons Vorsprung dahin. Lumpige 200 Meter fehlen ihm nach 3285 Kilometern Rennen, um lächerliche 8 Sekunden verliert er, das Ziel vor Augen, das Gelbe Trikot doch noch an den Amerikaner. LeMond tanzt auf der Straße, Fignon wird von seinen Pflegern getröstet. „Unglaublich", murmelt der dienstälteste Sportjournalist, das muss auf die erste Seite. Steeb, Agassi, Becker und der Krimi in München sind für ein paar Augenblicke vergessen. Die Tour de France hat wieder einmal Geschichte geschrieben – eine von vielen.

Am nächsten Tag waren natürlich trotzdem „Bobbele" und das Daviscup-Team nach ihrem Sieg gegen die Amis ganz oben, weil der Tennis-Länderkampf dem Publikum hierzulande doch noch näher war als der Zweikampf eines Franzosen und eines US-Boys auf dem Rad. Aber die Bilder von der Entscheidung in Paris hatten sich ins Gedächtnis der Zuschauer eingegraben – und auch in das der Sportjournalisten. Wieder ein Mosaiksteinchen im großen Gemälde der Tour de France, ein weiterer Akt im alljährlichen Sommerdrama auf Frankreichs Straßen, wieder eine eindringliche

Was sich aus dem 1903 erstmals ausgetragenen Radrennen durch Frankreich – hier der Start am 1. Juli bei Paris – entwickeln sollte, ahnte damals wohl kaum jemand: das bedeutendste Radsportereignis und das drittgrößte Sportspektakel nach Olympischen Spielen und Fußball-Weltmeisterschaft.

Episode im Kampf eines Mannes gegen seine innere Grenze, der das ewige Faszinosum dieses Radrennens ausmacht.

Das war schon 1903 so, als in den Redaktionsstuben der Zeitung L'Auto-Vélo in Paris die Idee eines Etappenrennens durch Frankreich geboren wurde. Ein verwegener Plan, aus heutiger Sicht der schiere Wahnsinn. Knapp 2500 Kilometer in nur sechs Etappen, allein der erste Abschnitt ging von Paris nach Lyon über 467 Kilometer. Und das auf Velos ohne Schaltung und auf Straßen, die den Namen nach modernen Maßstäben überhaupt nicht verdienen. Trotz der gewaltigen Aufgabe fanden sich 60 Wagemutige, die dem Aufruf von L'Auto-Chefredakteur Henri Desgrange gefolgt waren und am 1. Juli 1903 um 15.16 Uhr von Montgeron aus in ein ungewisses Abenteuer starteten. 19 Tage später rollte Maurice Garin als Sieger in den Pariser Parc des Princes. 3000 Francs bekam der erste Triumphator der Tour. Ein ordentliches Geld, damals kostete ein Kilo Brot gerade mal 40 Centimes. 21 Fahrer konnten das Rennen beenden.

Für Desgrange war das Ergebnis eher ernüchternd, der Erfolg hielt sich, wirtschaftlich betrachtet, in Grenzen. Die Auflage von L'Auto-Vélo stieg nur gering. Erst mit den Jahren setzte sich die Idee langsam in den Köpfen durch, begannen die Leute auf der Straße über die Tour zu reden. Natürlich über den Sport. Über die Dramen im Sattel, die sich nur erahnen ließen, weil der Zuschauer ja immer nur einen winzigen Teil der Strecke überblicken kann, wenn überhaupt. Fernsehen gab es nicht, die Fans waren auf die Berichte der Journalisten angewiesen, die in blumigen Heldensagen die Tour referierten. Im Übrigen mit viel dichterischer Freiheit, weil auch sie längst nicht alles verfolgen konnten. Eine Art der Arbeit, die im Wesentlichen bis heute Bestand hat, allen Fernsehbildern zum Trotz.

Als Desgrange die Tourfahrer 1910 erstmals über die Pyrenäen stampfen ließ, wurde er in Frankreich als Mörder beschimpft. Das wiederum war gut fürs Geschäft. Die Leute erregten sich aber auch, wenn sich einige Velozipedfahrer von der Strecke verdrückten und sich heimlich in den Zug setzten, um etliche Kilometer der Etappe gemütlich zurückzulegen. Das wollte dann auch keiner, die Kerle hatten gefälligst zu fahren, zu schwitzen, zu fluchen und zu leiden.

Das Benzin für den Motor Tour waren Mythen und Legenden, Bilder im Kopf der Leute, Geschichten um die Herausforderungen einer „grausamen Prüfung für Körper und Geist", wie die Tour einmal beschrieben wurde. Und so ist das bis heute geblieben.

1988 gab Jacques Goddet, der letzte Alleinherrscher der Tour, der 1947 das Rennen von Desgrange übernommen hatte, das Zepter in die Hand cleverer und kühler Manager – seither geht es mit

Greg LeMond, erster amerikanischer Tour-Sieger, war dreimal erfolgreich: 1986 vor Bernard Hinault, der 1985 seinen fünften Sieg mit Hilfe von LeMond errungen hatte, dann wieder 1989 in der bisher knappsten Entscheidung der Tour-Geschichte – ganze 8 Sekunden vor Laurent Fignon – und noch einmal 1990, vor der Ära Indurain.

der Société du Tour de France wirtschaftlich steil bergauf. Nicht einmal der gewaltige Skandal 1998, als die Tour nach dem Fund von 800 Ampullen des Hormondopingmittels Erythropoietin (kurz Epo) in einem Mannschaftswagen des Festina-Rennstalls zu einer Junkie-Rundfahrt unter Polizeibewachung verkam, konnte daran etwas ändern. Etwa 20 Millionen Zuschauer pilgerten auch im Jahr danach wie jeden Sommer an die Straßen, die Tour ist nach den Olympischen Spielen und den Fußball-Weltmeisterschaften zum drittgrößten Sportspektakel auf diesem Planeten aufgestiegen, und zum größten sportiven Wanderzirkus überhaupt. Wer als Radprofi den Giro d'Italia oder die Spanienrundfahrt gewinnt, der bekommt Applaus, Preisgeld und einen ordentlichen Vertrag für die kommende Saison. Wer im Gelben Trikot nach Paris fährt, hat ausgesorgt.

Die Tour ist mittlerweile eine Tochter der französischen Unternehmensgruppe Amoury. Unter der Leitung des einstigen Skiheros Jean-Claude Killy erwirtschaftet das Radspektakel einen Umsatz von etwa 40 Millionen Mark pro Jahr. Über 20 Fernsehstationen und 800 Journalisten tragen die Geschichten der Tour in die ganze Welt. Jeden Tag stürzt der Tross mit seinen knapp 4000 Menschen in 1200 offiziellen Autos eine andere Etappenstadt ins Chaos. Die 180 Profis sind zahlenmäßig nur noch Beiwerk und ihnen wird genauso viel zugemutet wie den Pionieren vor knapp 100 Jahren. 5500 Höhenmeter an einem Tag, 200 Kilometer im Hochgebirge, der Gesamtsieger muss heute schon einen 40er Schnitt fahren und das die meiste Zeit mit der Nase fast im Auspuff eines Motorrads des Fernsehens.

Zeit zum Luftholen gibt es sowieso keine, weil jeder Sponsor sich einen Etappensieg wünscht. Tempo, Geld und viel Drumherum – die Tour ist längst ein rollendes Unternehmen geworden. Vorneweg braust die Werbekarawane, Offizielle in hübschen Cabrios, VIPs hinter getönten Scheiben und dutzende wild hupender Motorräder. Über den Profis knattern Hubschrauber und hinter dem Feld kämpfen Begleitfahrzeuge, Mannschaftswagen und Presseautos um die besten Plätze.

Eines hat sich aber über 100 Jahre Tour nicht verändert – die Faszination des archaischen Kampfes. Fast jeder Mensch ist schon einmal auf einem Fahrrad gesessen, weiß, dass er schwerer treten muss, wenn es bergauf geht. Und er hat erlebt, wie schnell man außer Atem kommt, nicht mehr kann, das Herz im Hals wummert und die Beine bleischwer werden. Die meisten Zuschauer sind keine reinen Voyeure des Leidens, sondern kennen die Qual.

Daran haben auch superleichte Carbonräder, spezielle Ernährung und ärztliche Betreuung nichts geändert. Wenn es zur Sache geht, reduziert sich alle Taktik auf die schiere Fähigkeit zu treten und immer wieder weiterzutreten. Zwei Gänge oder zwanzig – das ist dann egal. In diesen Momenten denkt auch keiner an Geld, Auflage oder Umsatz – nicht einmal die smarten Manager der Société. Die Faszination Tour ist stärker, obwohl die Männer auf ihren Rennmaschinen nichts produzieren außer Spannung und Bildern.

Aber das mit Nachdruck. Die Bilder der Tour bleiben haften, übrigens auch in den Redaktionsstuben. Vom Daviscup redet mittlerweile kaum noch einer in Deutschland. Und wenn es im Juli hinauf geht auf den Tourmalet, den Galibier oder nach Alpe d'Huez, dann wird umgeschaltet – egal, was sonst noch so los ist.

An der Aerodynamik von Zeitfahr-Spezialmaschinen wurde anfangs fröhlich gefeilt. Der Radsport-Weltverband UCI schränkt die Experimentierfreude der Konstrukteure inzwischen ein. So sieht ein aktuelles Modell – hier Jan Ullrichs Rad – relativ normal aus.

CREDIT
OFFICIEL

Das Gelbe Trikot

Für uns heutige Radsport-Enthusiasten selbstverständlich, aber erst 1919 eingeführt, leuchtet das Maillot Jaune aus dem Fahrerfeld heraus. Dem Gelben Trikot des in der Gesamtwertung Führenden in Frankreich entspricht in Spanien und der Schweiz das Goldtrikot, in Italien das Rosa Trikot.

Der Motorradkurier, der jeden Abend den Mannschaftsleitern die offiziellen Bulletins und Ergebnislisten ins Hotel bringt, wird bei einer Mannschaft auch zum Glücksboten. Ziemlich lieblos verpackt, verschnürt in braunem Packpapier bringt er das Symbol des Erfolgs durch das allabendliche Verkehrschaos ans Ziel – das Gelbe Trikot kommt. Zwei Stück, eines mit langem und eines mit kurzem Arm. Am nächsten Tag wird es wieder ein Profi auf seinen Schultern tragen, wird für alle sichtbar sein, wer der Chef im Feld ist. Voilà – le Maillot Jaune arrive.

Die Signalwirkung des grellen Tuchs stand hinter der Idee, als Tour-Gründer Henri Desgrange 1919 bei der 13. Rundfahrt zum ersten Mal den Führenden im Gesamtklassement in Gelb hüllen ließ. „Das ist nicht gut, dann weiß ja jeder, dass ich vorne bin und greift mich an", soll sich Eugène Christophe damals wenig angetan über die Ehre geäußert haben. Der Mann sollte Recht behalten – Paris erreichte er als Dritter. Dem alten Fuchs Desgrange war das aber egal. Seine Idee hatte sich bewährt, die Tour hatte neuen Gesprächsstoff und das war gut für die Auflage seiner Zeitschrift L'Auto-Vélo.

Warum das Trikot gerade gelb war, darüber streiten sich die Experten bis heute. Das Papier, auf dem L'Auto-Vélo gedruckt wurde, war zwar auch gelb, aber das dürfte Zufall gewesen sein. Da Desgrange die Idee während der ersten Tour nach dem Ersten Weltkrieg hatte, musste er einfach nehmen, was auf die Schnelle aus Paris geliefert werden konnte. Und das waren eben gelbe Trikots. Damals strahlte das „Hemd der Helden" wie die Julisonne in den Bergen, heute ist das Trikot zugepflastert mit Werbung. Selbst die Initialen von Desgrange, die man nach dessen Tod von 1947 an auf die Arme der Hemden sticken ließ, musste 1985 Werbeaufnähern weichen.

Wahrscheinlich träumt jeder Teilnehmer der Tour davon, einmal das Gelbe Trikot überstreifen zu können. Wer es dann schafft, wie hier Laurent Fignon, geht in die Annalen ein.

Sichtbares Zeichen, dass so ein Trikot neben der Ehre eben auch Geld bringt. Wer nach drei Wochen in Paris das letzte Maillot Jaune überstreift, ist um etwa 750 000 Mark reicher. Wobei es bei allen Mannschaften üblich ist, die gesamten Prämien auf die Mannschaft nach einem genau ausgeklügelten Schlüssel aufzuteilen. Jeder bekommt etwas ab – vom Profi bis zum Fahrer des Begleitfahrzeuges. Denn jeder Kapitän weiß, dass er ohne die Hilfe des Teams eine Tour de France niemals gewinnen kann.

Lassen wir einen mal weg. Eddy Merckx hat das Trikot insgesamt 96 Tage getragen, ein Rekord für die Ewigkeit und der Belgier brauchte in seinen besten Tagen auch kaum Hilfe. Oft war er vom Start weg vorne. Zum Vergleich: Bernard Hinault kam auf 78 Tage, Miguel Indurain immerhin noch auf 60. Auch in Deutschland gab es schon das Gelbfieber. Dietrich Thuraus 15 tolle Tage begeisterten 1977 nicht nur die Radfans. Ein Land entdeckte einen neuen Sport, die Zeitungen schickten plötzlich Korrespondenten nach Frankreich, die erklären sollten, was es so auf sich habe mit dem „blonden Engel" aus Frankfurt und diesem Gelben Trikot auf seinen Schultern. Ein Jahr später trug Klaus-Peter Thaler noch für einen Tag Gelb, dann war lange Zeit Ruhe. Bis 1997 Jan Ullrich auf dem Weg hinauf nach Arcalis seinen wohl stärksten Tag als Radprofi hatte. „Heute ist der Prinz zum König geworden", sagte sein Sportchef Walter Godefroot zur Wachablösung mit Bjarne Riis. Ullrich sah im Ziel aber nicht wie ein König aus. Ausgemergelt, das Trikot irgendwie viel zu groß, müde Augen. Aber auch glücklich.

Erik Zabel fuhr auch einen Tag in Gelb. Bei der zweiten Etappe der Tour 1998 in Irland eroberte „Ete" in Cork die Trophäe. „Das war wichtig für mich. Einmal wollte ich das Trikot haben, wenigstens einen Tag in Gelb fahren", erinnert er sich. Das hat er ja nun geschafft, nachdem die Mannschaft ein Jahr zuvor auf Godefroots Anweisung aus taktischen Gründen einen möglichen Angriff gelassen hatte. Schonen der Kräfte für Bjarne Riis und Jan Ullrich. Nur lächerliche 4 Sekunden fehlten Zabel damals kurz vor den Pyrenäen. Cipollini war geknackt, aber die Stallorder trotzdem eindeutig. Jetzt ist er trotzdem einer von elf Deutschen, die sich zumindest einmal das Trikot überstreifen durften.

Henri Desgrange lebt schon lange nicht mehr, seine Zeitung L'Auto-Vélo heißt heute L'Équipe und wird auf weißem Papier gedruckt. Das Gelbe Trikot wird es aber geben, solange die Tour rollt. Und jeder der 200 Radprofis, die Jahr für Jahr beim Prolog über die Rampe rollen, träumt zumindest davon, wenigstens für einen Tag der Mann in Gelb zu sein. Wer das schafft, trägt sich in die ewige Liste des Radsports ein.

Das Gelbe Trikot, das ist wie der Triumph über einen 8000er im Himalaja: unglaublich schön, aber auch gefährlich.

RUDY PROJECT
RUDY PROJECT
FIAT
99 LE TOUR DE FRANCE
PMU
ARD
Radio&TV
T
PINARELLO
Coca-Cola
LE TOUR DE FRANCE

Das Grüne Trikot

Fahrer, die erstklassig spurten und am Schluss der Etappen, aber auch bei den vielen Sprintwertungen unterwegs Punkte sammeln können, sind im Wettstreit ums Grüne Trikot bevorzugt. Es gehört jedoch dazu, gut über die Berge zu kommen – und so reduziert sich der Kreis der Anwärter von alleine auf drei oder vier.

So viel Zeit muss einfach sein. Jeden Abend schnappt sich Erik Zabel sein Grünes Trikot und wäscht es im Hotelzimmer von Hand aus. Kein anderer darf da ran, auf gar keinen Fall. Das ganze Theater hat er sich eingebrockt, als er 1996 zum ersten Mal die Trophäe für den punktbesten Sprinter bei der Tour bekommen hat. Damals ging er abends mit dem Trikot zum Waschbecken, und jetzt muss es eben dabei bleiben. Radprofis sind abergläubische Menschen, erfolgreiche Zeremonien werden um keinen Preis aufgegeben. Schon gar nicht bei einem Rennen, das von Mythen lebt und bei dem sich abends in den Hotelhallen Betreuer und Gäste mit glänzenden Augen Geschichten aus 100 Jahren Tour de France erzählen. Auch die Fahrer tauschen die unglaublichsten Begebenheiten aus. Radlerlatein, bis hin zu jener sagenhaften Geschichte, dass Miguel Indurain die Tour nur deshalb fünfmal gewinnen konnte, weil er jeden Morgen ein gutes Stück baskischen Bärenschinken verspeiste.

Das ist zwar blanker Unsinn, weil Don Miguel sonst wohl an jeder Steigung mit staubtrockener Zunge am Verdursten gewesen wäre. Ganz nebenbei gibt es kaum noch Bären im Baskenland und die wenigen stehen unter Schutz. Erik Zabel wäscht sein Trikot aber amtlich und verbrieft immer selbst von Hand, damit auch ja nichts schief geht. „Sonst könnte ich nicht ruhig schlafen", sagt er. Immer das erste Ehrenjersey, das er während einer Tour gewinnt, trägt er auch noch in Paris. Logisch, dass er es dann auch waschen muss. Ein wichtiges Ritual, auch wenn gegen Ende der Tour das große T der Telekom schon mit schwarzem Faserstift nachgezogen werden muss, weil es sonst keiner mehr lesen könnte. Es lebe die Tradition – und der Sponsor wird es ihm ganz gewiss verzeihen.

Dabei hat das Grüne Trikot nicht die lange Geschichte der Tour. 1953 wurde zum ersten Mal die Trophäe für die schnellen Männer ausgelobt. Erik Zabel ist seit 1996 der Mann mit den schnellsten Beinen. Vor dem Start zur Tour 2000 ist er schon viermal in Grün über die Champs-Élysées in Paris gefahren. Das ist vor ihm nur Sean Kelly gelungen, der Ire schaffte es aber nicht viermal nacheinander wie Zabel. Im Team Deutsche Telekom hat das Trikot auch eine Tradition. Teamchef Walter Godefroot kam als Profi 1970 in Grün nach Paris, zehn Jahre später sein Sportchef Rudy Pevenage und 1990 schließlich Olaf Ludwig, allerdings für das Panasonic-Team.

Trophäe für die Sprinter – eine ziemlich ungenaue Beschreibung dessen, was einer wirklich drauf haben muss, um das Grüne Trikot zu gewinnen. Solch wuchtig gebaute Fahrer wie Mario Cipollini erleben das Ende der Tour de France zu Hause im Fernsehsessel, weil ihnen in den Bergen ihre mächtigen Muskeln zur Last werden. Zu schwer für die Rampen in den Alpen und Pyrenäen. Reine Giganten des letzten Kilometers erreichen nicht immer mit der Spitze das Ziel. Man muss also schon ein verdammt guter Rennfahrer sein, um am Ende den Scheck über etwa 50 000 Mark für den besten Sprinter einstreichen zu können. Es nützt dir nichts, wenn du gut spurten kannst, aber gar nicht mehr vorne dabei bist, wenn es zum großen Finale kommt. Eddy Merckx hat das den Spezialisten vor knapp 30 Jahren eindrucksvoll gezeigt. Der Mann wollte immer gewinnen und alles. Er hat sich in den Sattel geschwungen und getreten, als wäre es sein letzter Tag auf Erden. Und so hat er sich bei seinen fünf Toursiegen zwischen 1969 und 1974 auch gleich noch dreimal das Grüne Trikot geschnappt. Den Mann nannte die Konkurrenz nicht zu Unrecht den Kannibalen.

Gewertet werden beim Grünen Trikot die Platzierungen im jeweiligen Etappenziel, dazu kommen Punkte, die in Zwischensprints während der Etappen vergeben werden. Maximal dreimal leuchtet das grüne S bei Flachetappen auf, zweimal im Hochgebirge. Wobei der zweite Sprint in den Bergen etwa 25 Kilometer vor dem Ziel kaum einmal von einem Spezialisten geholt wird, weil die sich im Hauptfeld Richtung Ziel quälen. Rund 65-mal wird

Mario Cipollini ließ sich, als er in Gelb fuhr, gleich noch sein Rad gelb lackieren – trotz der Strafe, die er zahlen musste. Erik Zabel fuhr vor einem Jahr, völlig legal, mit einem grünen Rad nach Paris. Er selbst hat diesen Gag allerdings nicht in Auftrag gegeben, aber gerne den Spaß mitgemacht.
Rechts: Olaf Ludwig gewann 1990 das Grüne Trikot, damals noch nicht für das Team Telekom, sondern für Panasonic.

Das Team Telekom

Die anfangs bescheidenen Perspektiven hat das 1991 gegründete Profiteam, das eine Zeit lang unter dem Namen Team Deutsche Telekom startete, längst überwunden. Heute tritt man bei bedeutenden Rennen mit zwei Kapitänen an, Jan Ullrich und Erik Zabel, gilt neben Mapei als eines der am besten organisierten und von der Konkurrenz gefürchteten Teams, hat dank einer gesunden Mischung von erfahrenen Recken und talentierten Nachwuchsfahrern gute Aussichten, diesen Status noch lange zu halten.

Der kleine Simon aus der Nachbarschaft hat zum Geburtstag ein neues Rad bekommen. 16 Gänge, blitzende Speichen, Alurahmen. Obendrein gab es vom spendablen Papa auch noch ein Trikot. Jetzt strahlt Simon stolz aus dem magentafarbenen Shirt mit dem großen schwarzen T und kurbelt als Klein Jan mit glänzenden Augen um die Hausecken. Radfahren in Deutschland, das ist mittlerweile Telekom. Der Name des Bonner Unternehmens ist dem Profiradsport aufgeschweißt, das Team Telekom ein Markenname und eine Multimedia-Schau auf allen Kanälen. – Als hätte es nie etwas anderes gegeben.

Vergleichbares hat Deutschland tatsächlich noch nicht gesehen. Noch 1988 waren wir hierzulande tiefste Velo-Provinz, im Profigeschäft maximal Entwicklungsland. Amateur-Radteams gab es schon, aber bei den Berufsfahrern war keine Struktur zu erkennen, es gab keine potenten Sponsoren und vor allem keine Perspektive über die Zeit. Wer ein bisschen besser als der Rest in die Pedale treten konnte, wie ein Andreas Kappes oder ein Rolf Gölz, der suchte in Italien, Spanien, Belgien oder Frankreich sein Glück. Und das schien auch so zu bleiben, als Winfried Holtmann 1989 das Team Stuttgart gründete. Eine Combo

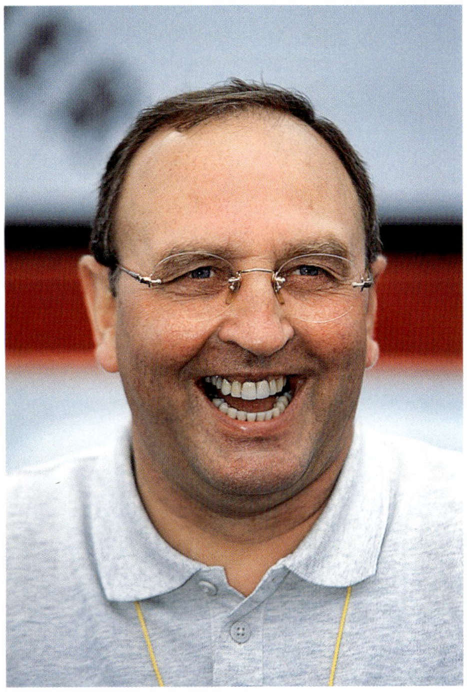

Dank der kontinuierlichen Aufbauarbeit des Teamchefs Walter Godefroot (oben) und dem großzügigen Einsatz des Sponsors zählt das Team Telekom in vielen Rennen zu den stärksten. Gefürchtet bei der Konkurrenz ist der „T-Zug“ oder „TelekomExpress“, dessen perfekte Tempoarbeit gegen Schluss der Etappen oft genug mit einem Sieg von Erik Zabel oder anderen schnellen Leuten wie Lombardi oder Wesemann belohnt wird.

der Namenlosen aus Deutschland und Holland, später garniert mit einigen Stars jenseits deren Zenit, wie zum Beispiel dem Schweizer Urs Freuler.

Die Mannschaft war Deutschlands einziges Profiteam. Dafür schlug sie sich achtbar, aber letztlich eben höchstens in Reihe zwei. Holtmann versuchte Spitzenfahrer wie Tony Rominger oder Rolf Gölz zu verpflichten – ohne Erfolg. Rominger wollte 800 000 Mark pro Saison, der Oberschwabe Gölz scheute sich, die Verantwortung zu übernehmen, und blieb lieber als treuer Diener seiner Herren in Italien. Damals lernte übrigens ein 23-jähriger Nachwuchsmann sein Handwerk in der rauhen Welt der Profis. Udo Bölts ist der einzige der Telekom-Crew 2000, der von Beginn an dabei ist.

Die echte Geburtsstunde des heutigen Teams schlug am 21. Januar 1991 in der Stuttgarter Schleyerhalle. Am Rande des Sechstagerennens präsentierte Holtmann den neuen Hauptsponsor. „Bei Stuttgart geht künftig die Post ab“, titelte die lokale Presse. Nicht ganz korrekt, aber immerhin traf es den Kern. Das Team Telekom war geboren und von da an ging es aufwärts, auch ohne die Post. Und in Wellen. Letztlich ist es eben schon ein Quantensprung, wenn ein finanzstarkes Unternehmen sich einklinkt. Als Walter Godefroot im Januar 1992 die Führung von Winfried Holtmann übernahm, konnte er sich zwar in keinen Schaukelstuhl setzen, er wusste aber, dass er zwei, drei Jahre Zeit hatte, ein Team zu formen, mit dem sich der Sponsor sehen lassen konnte. Gemeinschaftsgeist sollten sie zeigen, Vitalität und Siegeswillen. Werte, die das Unternehmen im Aufbruch des Kommunikationszeitalter gerne vermitteln wollte, um wegzukommen vom bleiernen Image einer trägen Bundesbehörde. Große Siege hätten die Chefs in Bonn natürlich auch gerne gesehen, aber die Telekom ließ Godefroot Zeit, seine Grünschnäbel im internationalen Vergleich reifen zu lassen. Als im Frühsommer 1992 Udo Bölts die Königsetappe des Giro d'Italia gewann, war der erste Höhepunkt markiert. Danach startete die Mannschaft zu ihrer Premiere bei der Tour de France. Jens Heppner wurde Zehnter.

Jan Ullrich und Erik Zabel fuhren damals übrigens noch als Amateure in Hamburg und Dortmund und träumten höchstens heimlich davon, einmal in Frankreich dabei zu sein.

Die Tour war aber nicht immer das Lieblingskind der Bonner. 1993 hechelte Olaf Ludwig dem Etappensieg lange Zeit hinterher. Es wollte einfach nicht so recht klappen, bis zu einem brütend heißen Samstag, tief im Midi. Die 13. Etappe

Alberto Elli, Profi seit 1986, blickt unter den Telekom-Fahrern auf die meisten Teilnahmen bei der Tour zurück. Als harter Arbeiter und guter Bergfahrer ist er für das Team überaus wertvoll. Oben: Das Mannschafts-Zeitfahren der Tour de Suisse 2000 konnte das Team Telekom knapp für sich entscheiden.

führte von Marseille nach Montpellier. Wieder sah es nicht gut aus, wieder waren einige Profis ausgerissen, unter ihnen die Superstars Miguel Indurain und Tony Rominger. Und in dieser Gruppe war keiner dabei, der das T auf seinem Trikot trug. Das wird wieder nix, dachten alle. Aber es wurde doch etwas, weil sich Telekom als Team ins Zeug legte. Mit letzter Kraft holte der T-Zug die Ausreißer ein, Ludwig schob sich auf den finalen Metern derart knapp an seinem Dauerrivalen Djamolidin Abduschaparow vorbei, dass er nicht einmal die Hände zum Jubeln vom Lenker nehmen konnte. Dafür klatschte sich Godefroot vor Freude auf die Schenkel. Vive le Tour!

Zwei Jahre später hätte den Belgier mit der unendlichen Geduld dafür fast der Schlag getroffen. Keine Einladung der Société, das Team sollte 1995 nicht starten dürfen, obwohl es die Nummer neun der Weltrangliste war, obwohl Udo Bölts ein Jahr zuvor als Neunter in Paris angekommen war, obwohl Olaf Ludwig und Erik Zabel im Team standen. Alles Makulatur, geplatzte Träume, weil sich die Mannschaft beim Giro als Loosertruppe präsentiert hatte. Zudem erhob Uwe Ampler öffentlich den absurden Vorwurf, von der Teamleitung zum Doping gezwungen worden zu sein. Im Frühsommer 1995 stand die Mannschaft auf der Kippe. Highnoon für Godefroot und seine Athleten. Irgendwie schaffte es der Belgier, wenigstens als gemischte Mannschaft mit drei Profis des italienischen ZG Mobili-Teams an den Start gehen zu dürfen. Erik Zabel schulterte die Last souverän. Zwei Etappensiege mit der Rumpftruppe – nach der Tour Fatal 95 war Telekom von Frankreichs Straßen nicht mehr wegzudenken.

Ein paar Monate später in Bilstein im Sauerland: Mannschaftstreffen vor der Saison 1996. Bei prasselndem Lagerfeuer in einer Karl-May-Kulisse saß ein junger Mann mit hoher Stirn und Cowboyhut. Er lächelte wie ein Westernheld, lümmelte sich falsch herum auf seinem

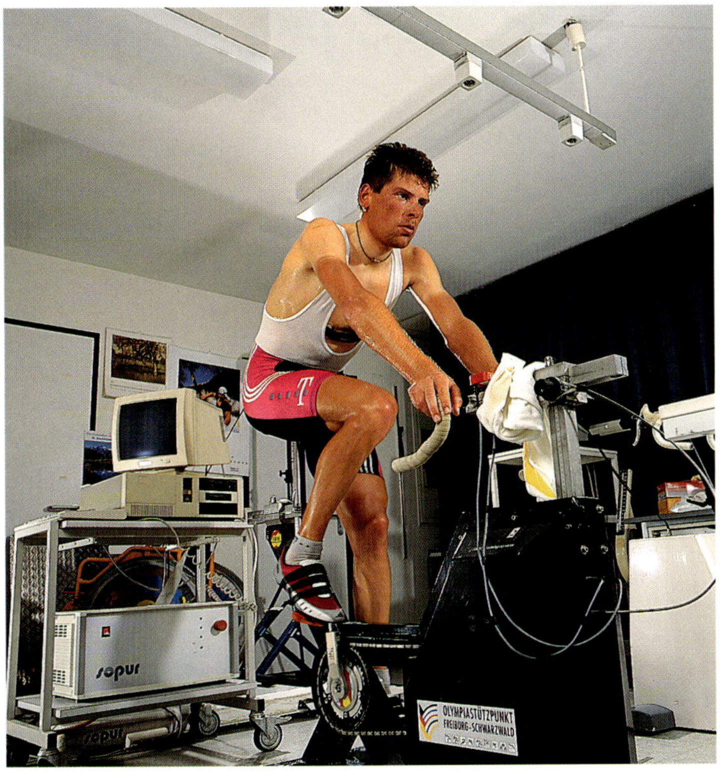

Stuhl und sprach gelassen Großes aus. „1994 war ich Fünfter bei der Tour, dieses Jahr Dritter und im kommenden Juli kann ich gewinnen." Bjarne Riis war da, ein Däne mit einer Tonne Selbstvertrauen im Kreuz. „Wenn die Mannschaft das tut, was ich sage, dann klappt es schon." Verdammt große Worte, so einen zerreißt der Boulevard mit Freuden in der Luft, wenn er nur Seifenblasen redet.

Aber Riis war alles andere als ein Maulheld. 1996 siegte er tatsächlich in Paris, in seinem Sog wurde Jan Ullrich Zweiter, Erik Zabel fuhr zum ersten Mal im Grünen Trikot über die Champs-Élysées. In Deutschland unterhielten sich die Leute plötzlich über den schlaksigen Dänen, über den pfiffigen Berliner namens Zabel, der mit dem gewaltigen Spurt, und über diesen jungen rotblonden Kerl, der beim einsamen Kampf gegen die Uhr einen Tag vor Schluss der gesamten Weltelite Blei in die Schuhe gefahren hatte. Wie hieß er gleich noch? Genau – Jan Ullrich.

Spätestens da war völlig klar, dass die Deutsche Telekom den ganz großen Coup im Sportsponsoring gelandet hatte. Telekom auf allen Kanälen, in allen Gazetten, und als Ullrich 1997 als erster Deutscher die Tour gewann und Zabel zum zweiten Mal im Grünen Trikot Paris erreichte, erstrahlte die Radwelt vollends in Magenta. Es war ein Urknall wie Boris Beckers Wimbledonsieg 1985. In Bonn dachte keiner mehr an die langen und heftigen Geburtswehen. Das Team Telekom war ein Markenname – und mit etwa zehn Millionen Mark Einsatz im Jahr ein ziemlich günstiger obendrein. Etwa das Achtfache war allein die Präsenz im Fernsehen wert.

Im Jahr 2000 dürfte der Sponsor etwa das Doppelte wie 1997 investieren, aber dafür präsentiert sich die Mannschaft als eines der Top-Fünf-Teams der Radwelt. Um Ullrich und Zabel herum hat Walter Godefroot eine Klassemannschaft gruppiert, die von Februar bis Oktober Akzente setzen kann. Klein Simon auf seinem nagelneuen Velo weiß nichts mehr von den Tagen Ende der 80er Jahre, als die Pioniere des Teams zu den ersten Rennen fuhren. Für ihn ist Radsport Telekom, Ullrich und Zabel.

Aber es ist viel mehr passiert in dieser Zeit. Und jeder Abschnitt war wichtig, weil Stärke auch aus dem Meistern von Krisen entsteht.

***Links:** Leistungstests mit stetig zunehmendem Widerstand zeigen auf, wie viel Druck aufs Pedal gebracht werden kann. Und da kommen auch Spitzenfahrer wie Jan Ullrich so ins Schwitzen, dass es aus allen Poren läuft.*

***Ein Bild als Symbol:** Ron Sommer, Chef der Deutschen Telekom, verhehlt seine Radsportbegeisterung nicht. Wer könnte da besser zu ihm passen als Udo Bölts, das „Pfälzer Urgestein", der von Anfang an zum Team gehört?*

gan
COPPI

Money, money, money ...

Angesichts der schwindelerregenden Ablösesummen und Verdienstmöglichkeiten im Profi-Fußball, Tennis, Golf oder in der Formel 1 werden durchschnittliche Radprofis reichlich schlecht bezahlt. Richtig gutes Geld verdienen nur die Allerbesten, die bei der Tour de France Erfolge erzielen und danach bei kleineren Rennen, den so genannten Kirmes-Rennen starten. Alle anderen Rennen zu gewinnen – Spanien- oder Italien-Rundfahrt – bringt längst nicht so viel Prestige und finanziellen Gewinn.

Wer Radprofi werden will, um viel Geld einzustreichen, der sollte sich lieber eine andere Arbeit suchen. Für viele Berufsfahrer ist der Knochenjob eher schlecht bezahlt, die meisten verdienen nicht mehr als ein Fußballprofi in der zweiten Liga. Dafür müssen sie aber das Doppelte arbeiten und dürfen höchstens die Hälfte jammern. Mindestens. Bei der Tour de France liegen natürlich schon ein paar Taler auf der Straße, insgesamt werden auf den 20 Etappen etwa 5 Millionen Mark ausgelobt. Allerdings das meiste für die dekorierten Stars, für die Männer in Gelb, in Grün oder im gepunkteten Bergtrikot.

Aber es gibt noch mehr. Der beste Jungprofi wird mit 1000 Mark am Tag motiviert. 1996 war übrigens Jan Ullrich der mit Abstand stärkste Jungfuchs. Rang zwei insgesamt bei seiner ersten Tour als 22-Jähriger und natürlich Sieger bei den Jungen. Ausgezeichnet und belohnt wird auch die beste Mannschaft. Jedes Team, das am Ende noch mehr als sieben Fahrer nach Paris bringt, darf einmal zusätzlich in den Geldtopf fassen. 3000 Mark gibt es dann pro Fahrer – ein bescheidenes Kilometergeld obendrauf.

Für Bergspezialisten lohnt es sich, beim höchsten Punkt der Tour noch mal so richtig in die Pedale zu steigen. Auf dem Dach der Tour, dem höchsten Pass, wird eine Sonderprämie von knapp 7000 Mark ausgeschrieben: das „Souvenir Henri Desgrange", benannt nach dem Gründer der Tour.

Bis auf eine Ausnahme sind alle Preise fest reglementiert. Wer irgendwo als Erster drüberfährt, der hat gewonnen. Nur beim Preis für den angriffslustigsten Fahrer entscheidet eine Jury. Immerhin 100 000 Mark werden auf den Etappen für Profis ausgelobt, die ihr Herz in beide Hände nehmen und attackieren auf Teufel komm raus. Ein Preis für den Mythos Tour, denn renntaktisch sind die Angreifer meist nur arme Hunde oder Exzentriker wie Laurent Jalabert, der selbst nicht weiß, was er tut. Zumindest fährt er oft so. Attacke nach einer halben Stunde einer 200-Kilometer-Etappe im Hochgebirge – so was bringt nur „Jaja" fertig. Ohne jede Chance auf Erfolg, aber irgendwie heroisch. Es gibt aber auch andere, die oft mehr als 100 Kilometer allein im Wind kämpfen, um dann doch noch vom rasenden Feld geschluckt zu werden. Oder Profis, die vier-, fünf-, sechsmal versuchen auszureißen und immer wieder gestellt werden. Hier leben die Franzosen ihr Herz für Helden aus. Ein paar Francs und eine Geste des Respekts für Profis, die so sind, wie wir sie gerne sehen wollen. Reinhauen, auch wenn es weh tut. Angreifen, kämpfen, leiden.

Es gab auch mal eine Zeit, da bekam der Letzte im Gesamtklassement noch ein spezielles Trikot und eine Prämie obendrein. Ehre für einen, der sich schindet, aber eben nur ein armes Würstchen ist. Man hat es bald wieder abgeschafft, weil das Trikot am Schluss unter den Profis ausgefahren wurde, bis hin zu Stehversuchen vor der Ziellinie.

Das war dann doch nicht ganz im Sinne der Tour.

Radprofis, die nicht so im Rampenlicht stehen, verdienen für ihre harte Arbeit nicht sonderlich gut. Besser sind da so erfolgreiche Fahrer wie Erik Zabel (links in Grün) oder Marco Pantani (rechts) dran, dem 1998 das Double gelang: Sieg beim Giro d'Italia und bei der Tour de France, innerhalb von gut zwei Monaten.

Dank
allen, die unseren Autor Jürgen Löhle vor und während der Tour de France unterstützt haben, insbesondere Mercedes-Benz, die ein Auto zur Verfügung stellten, damit er dem Geschehen hautnah folgen konnte.

Bildquellen
Peter Witek, Göppingen, alle Bilder,
außer S. 16, 23 (2), 40, 41, 42/43, 44, 47, 145, 152 (Sigloch Edition/Bildarchiv)

Impressum

Internet: www.sigloch.de, E-Mail: edition@sigloch.de
Redaktionelle Bearbeitung: Friedhelm Messow, Kupferzell

Reproduktion: Otterbach Digital World, Rastatt
Satz: Sigloch Edition, Blaufelden
Druck: Druckerei W. Kohlhammer, Stuttgart
Papier: 150 g/m² nopaCoat glänzend chlorfrei TCF, Nordland Papier AG, Dörpen
Bindearbeiten: Sigloch Buchbinderei, Blaufelden
ISBN 3-89393-207-0